ポルトガル語
表現とことん
トレーニング

瀧藤千恵美

白水社

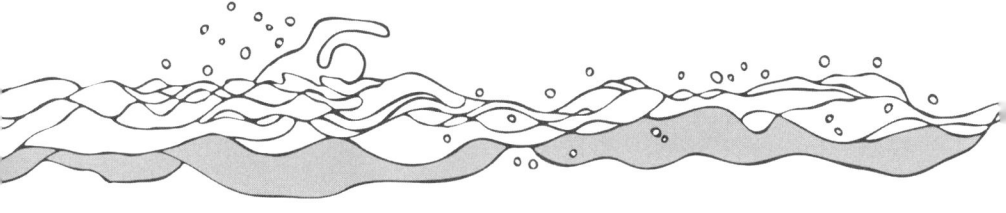

イラスト　カトウタカシ
装丁・本文レイアウト　重原 隆

まえがき

　本書はポルトガル語をかじった人（あるいはかじりかけている人）が、文法知識をおさらいしつつ、練習問題を通じて、段階的にしっかり身につけていくことを目的としています。語彙数をあえて絞ることで、ポルトガル語の基本文型や基本表現を覚えていくことに重点を置いています。

　現在、私は東海地方にある大学で第二外国語としてのポルトガル語を教えていますが、本書でも授業を受講している学生に説明しているような気持ちで執筆しています。ですので、本当に覚えてほしいことや注意してほしいことを分かりやすく説明することを心掛けました。

　本書を執筆するうえで、さまざまなご助言をいただき、日本語とポルトガル語のチェックをしてくださった兼安シルビア典子さんと重松由美さんに、この場を借りて心からお礼を申し上げます。また、練習問題のレベルチェックの実験台になってくれた私の2人の生徒（AくんとIくん）にも感謝しています。

　本書を手に取った方が、ポルトガル語を学ぶことによってブラジルやブラジル人にますます興味を持ってくれることを願っています。

　　　　　　　　　　　　　　　　　　　　　2014年春　　　著者

この本の使いかた

　各課は2ページ構成です。まず、左ページの解説で、ポルトガル語の海を泳ぐためのコツを覚えます。覚えたコツを使って、右ページの練習問題で実際に泳ぐトレーニングをしましょう。

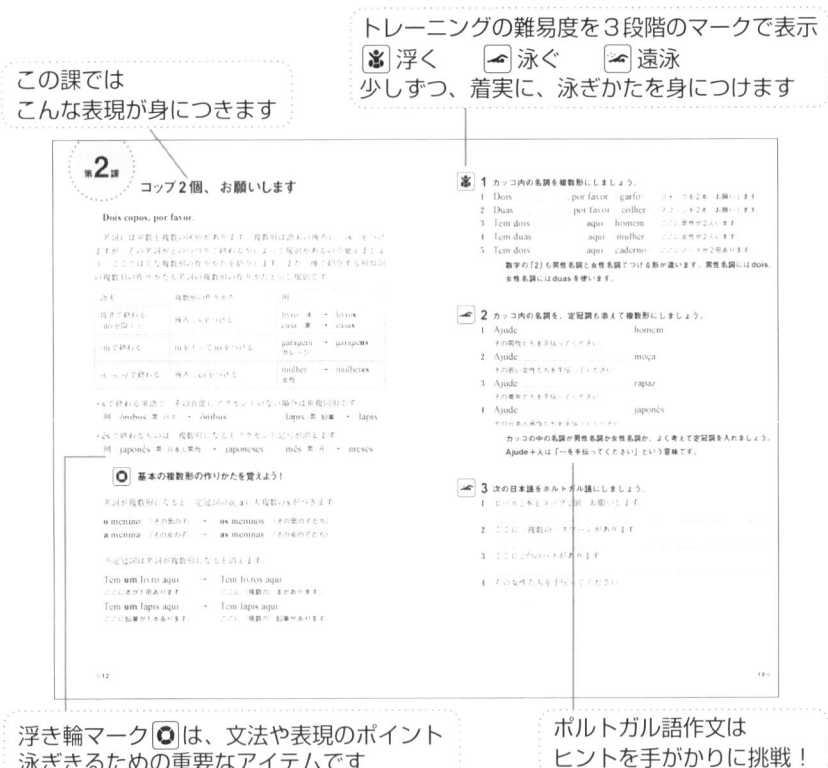

◇ わからない単語に出合ったとき→巻末の「単語リスト」へ

泳ぎかたがわかれば、あとはあなたの自由自在！

ポルトガル語表現とことんトレーニング  目次

まえがき　●3
この本の使いかた　●4

第0課　ポルトガル語の文字と発音　●8
第1課　ビール1本とコップ1個、お願いします　●10
第2課　コップ2個、お願いします　●12
第3課　私は学生です　●14
第4課　あなたはブラジル人ですか？　●16
第5課　こちらは私の友達です　●18
第6課　これはマリアの家です　●20
第7課　彼女はとても美しい　●22
第8課　大丈夫ですか？　●24
第9課　彼は銀行にいます　●26
第10課　私はたくさんのブラジル人の友達がいます　●28
　コラム　複数形の作りかた　●30
　コラム　単語を増やそう（その1）　●32
第11課　私は30歳です　●34
第12課　今日は8月26日です　●36
第13課　あなたは日本語を話しますか？　●38
第14課　あなたはビールを飲みますか？　●40
第15課　私はサッカーをするのがとても好きです　●42
第16課　私はブラジルに旅行したいです　●44
第17課　このバスは空港へ行きます　●46
第18課　ここでタバコを吸ってもいいですか？　●48
第19課　あなたはどこに住んでいますか？　●50
第20課　あなたは今、何をしていますか？　●52
　コラム　100以上の数字　●54
　コラム　単語を増やそう（その2）　●56

第21課	私は毎日早く起きます	58
第22課	私はいつも夜12時に寝ます	60
第23課	私は彼女のお母さんと面識があります	62
第24課	私はよく理解できません	64
第25課	あなたは何をしていますか？	66
第26課	私は誰も知りません	68
第27課	彼は車の中にいます	70
第28課	私は明日、あなたに電話します	72
第29課	私は昨日、先生と話しました	74
第30課	私は昨日、銀行に行きました	76
コラム	ポルトガルのポルトガル語とブラジルのポルトガル語	78
コラム	単語を増やそう（その3）	80
第31課	私は一度もカイピリーニャを飲んだことがありません	82
第32課	私はポルトガル語を勉強して1年経ちます	84
第33課	私は子供の頃、ブラジルに住んでいました	86
第34課	あなたが私に電話した時、私は眠っていました	88
第35課	パウロは私よりも背が高い	90
第36課	パウロは家族で最も背が高い	92
第37課	ここに住んでいる男の人は、私と一緒に働いています	94
第38課	私の弟は来年、先生になる予定です	96
第39課	彼は宿題をするつもりだと言いました	98
第40課	私は最近マリアを見ていません	100
コラム	ブラジル情報	102
コラム	単語を増やそう（その4）	104
第41課	私が着いた時、すでに飛行機は出発していました	106
第42課	このケーキは彼女によって作られました	108
第43課	私は彼らが読むための本を買いました	110
第44課	私の両親は私にもっと勉強してほしいと思っています	112
第45課	あなたはポルトガル語を話す人を誰か知っていますか？	114
第46課	どうか明日雨が降りませんように！	116

第47課　静かにしなさい！　118
第48課　もし私が金持ちなら、この家を買うのだが　120
第49課　先生は生徒たちにもっと勉強していてほしかった　122
第50課　もし時間があったら、ブラジルに行きたい　124
　コラム　日本とブラジルの関係　126
　コラム　単語を増やそう（その5）　128

場面別の表現例
やあ！／おなかすいてる？　130
メニューお願いします／郵便局はどこですか？　132
いくらですか？／もしもし？　134
明日、時間ある？／旅行代理店にて　136
何をしているの？／名古屋駅の地下鉄アナウンス　138
　コラム　ボイブンバ／カポエイラ　140

もっと勉強したい人のために　144
練習問題解答例　146
各課で扱う文法項目　155
単語リスト（ポルトガル語―日本語）　156
　　　　（日本語―ポルトガル語）　169

ポルトガル語の文字と発音

○ポルトガル語の文字
ポルトガル語のアルファベットはAからZの26文字ですが、K, W, Yの3文字は外来語や人名にしか用いません。

○ポルトガル語の記号
ポルトガル語で用いられる記号は、次の5つです。記号の有無で単語の意味が違ったり、発音が異なったりするので、記号も含めてつづりを覚えていきましょう。

- ` `` acento grave （アセント・グラーヴィ）：à
- ´ acento agudo （アセント・アグード）：á é í ó ú
- ^ acento circunflexo （アセント・スィルクンフレクソ）：â ê ô
- ~ til （チウ）：ã õ
- , cedilha （セヂーリャ）：ç

○ポルトガル語のアクセントの位置
a, e, oで終わる語や、この後ろにm, ns, sがつく語では、最後から2番目の音節にアクセントを置きます。単語の多くが、この後ろから2番目のアクセントです。それ以外の単語、例えばi, u, l, r, zなどで終わる語は、最後の音節にアクセントがあります。この規則から外れるものには、アセント・アグード（´）、アセント・スィルクンフレクソ（^）の記号がつき、その記号がついている音節にアクセントが置かれます。

○ポルトガル語の発音
ポルトガル語の配列は基本的に「子音＋母音」で構成されるため、日本語のローマ字読みに近いものが多く、ある程度はそれで対応できるものもありますが、いくつかはローマ字読みとは異なるため、文字の読みかたの決まりを覚える必要があります。

ここではブラジルのポルトガル語の発音について簡単に説明します。

1）母音
ポルトガル語の母音は7つあります。a, i, uの3つに関しては、日本語の「ア」「イ」「ウ」よりもはっきり発音すればいいのですが、eとoに関しては、それぞれ狭い音（閉口音）と広い音（開口音）の2種類の「エ」と「オ」があります。

êとôのように、アセント・スィルクンフレクソがついている場合は狭い音で、日本語に近い「エ」と「オ」になりますが、éやóのように、アセント・アグードがついている場合は、「ア」を発音するように口を大きく開けて「エ」や「オ」を発音します。記号がついていない場合でも、単語によってeやoの音が狭い音になるのか広い音になるのか異なるので、気をつけましょう。また、アセントのない語末のeは、ブラジルでは「イ」の音になるのが一般的です（例：nome ノーミ）。アクセントのない語末のoも同様に「ウ」に近い音（「オ」とはっきり発音しない）になります。

また、連続した2つの母音を一気に発音する二重母音も存在します。

二重母音：ai　　au　　ei / éi　　eu / éu　　oi / ói　　ou　　iu

2）鼻母音

鼻母音とは、鼻から息を抜くようにして発音する母音のことです。ãやõのような記号を伴う場合や、次に母音を伴わないmやnなどで鼻母音になります。単鼻母音と二重鼻母音があります。

単鼻母音：　　am / an / ã　　em / en　　im / in　　om / on　　um / un
二重鼻母音：　ão / am*　　em* / en*　　ãe　　õe　　ui**

* am, em, enが語末にある場合は二重鼻母音になる　　** muitoのみ

3）子音

特に注意が必要なものだけを紹介します。

ch, lh, nh：それぞれシャ行、リャ行、ニャ行で発音します。

g：ga, go, guはそれぞれ「ガ」「ゴ」「グ」ですが、ge, giはそれぞれ「ジェ」「ジィ」と発音します。gue, guiは3文字まとめて「ゲ」「キ」と発音します（例外あり）。

q：que, quiは3文字まとめて「ケ」「キ」と発音します（例外あり）。

ç：ça, ço, çuは「サ」「ソ」「ス」と発音します。

s：母音と母音に挟まれたsはザ行で発音します。語頭のsやssはサ行です。

z：語末のzは濁らずに「ス」と発音します。

m：語末のmは「ン」と発音します。

l：次に母音を伴わないlは「ウ」と発音します。

r：語頭のrやrrは少し強めのハ行で発音します。

d, t：diは「ヂ」、tiは「チ」と発音します。語末のdeやteも同様に「ヂ」「チ」です。

h：語頭のhは発音しません。

x：シャ行、ザ行、「クス」、「ス」の4種類の音があり、個別に覚える必要があります。

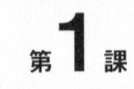

ビール１本とコップ１個、お願いします

Uma cerveja e um copo, por favor.

cerveja「ビール」も copo「コップ」も１つなのに、どうして「１」という単語が違うのでしょうか。それはポルトガル語の名詞が男性名詞と女性名詞に分類されることに関係します。ポルトガル語では、名詞がどちらの性に属しているのかを把握していないと、文法的に正しい文を作ることができません。

	男性名詞	女性名詞
定冠詞	**o** livro（その本）	**a** casa（その家）
不定冠詞、数字の１	**um** livro（ある本、１冊の本）	**uma** casa（ある家、１軒の家）

このように、男性名詞か女性名詞で冠詞は異なる形になるのです。

 男性名詞か女性名詞かをひとつひとつ覚えよう！

○**簡単な見分けかた**
①生き物を表す名詞はそれぞれの性に一致します。

　　男性名詞：homem　男性　　pai　父　　irmão　男のきょうだい
　　女性名詞：mulher　女性　　mãe　母　　irmã　女のきょうだい

②性別のない名詞は、つづりで見分けます。

　　男性名詞：主に「-o」で終わる名詞
　　　　　　　livro　本　　carro　車　　relógio　時計
　　女性名詞：主に「-a」「-dade」「-ção」「-agem」などで終わる名詞
　　　　　　　casa　家　　caneta　ペン　　cidade　町
　　　　　　　estação　駅　　garagem　ガレージ

ただし、例外もあります。以下は男性名詞です。
　　　　　dia　日　　cinema　映画館　　mapa　地図　　coração　心臓

また簡単に見分けのつかない名詞もあるので、その時は辞書で調べましょう。

1 下線部に um か uma を入れましょう。

1 Tem _____ mesa aqui.　　ここにテーブルが1つあります。
2 Tem _____ caderno aqui.　ここにノートが1冊あります。
3 Tem _____ menino aqui.　ここに男の子が1人います。
4 Tem _____ caneta aqui.　ここにペンが1本あります。

Tem ～ aqui は「ここに～があります」という、存在を表す表現です。

2 下線部に定冠詞を入れましょう。

1 _____ livro está aqui.　　その本はここにあります。
2 _____ relógio está aqui.　その時計はここにあります。
3 _____ menina está aqui.　その女の子はここにいます。
4 _____ cadeira está aqui.　その椅子はここにあります。

～ está aqui は「～はここにあります」という、特定のものや人の所在を表す表現です。

3 次の日本語をポルトガル語にしましょう。

1 ここに時計が1つあります。

2 ここに女の子が1人います。

3 その男の子はここにいます。

4 テーブル1つ、お願いします。

5 その地図はここにあります。

6 ここに駅と映画館があります。

「お願いします」は por favor で、英語の *please* にあたる表現です。英語の *and* にあたる「～と～」は、e を用います。

コップ2個、お願いします

Dois copos, por favor.

名詞には単数と複数の区別があります。複数形は語末の後ろに「-s」をつけますが、その名詞がどのつづりで終わるかによって規則があるので覚えましょう。ここでは主な複数形の作りかたを紹介します。また、後で紹介する形容詞の複数形の作りかたも名詞の複数形の作りかたと同じ規則です。

語末	複数形の作りかた	例
母音で終わる（ãoを除く）	後ろにsをつける	livro 本 → livros casa 家 → casas
-mで終わる	mをとってnsをつける	garagem → garagens ガレージ
-r, -s, -zで終わる	後ろにesをつける	mulher → mulheres 女性

- sで終わる単語で、その音節にアクセントのない場合は単複同形です。
  例：ônibus 男 バス → ônibus　　　lápis 男 鉛筆 → lápis
- êsで終わるものは、複数形になるとアクセント記号が消えます。
  例：japonês 男 日本人男性 → japoneses　　mês 男 月 → meses

 基本の複数形の作りかたを覚えよう！

名詞が複数形になると、定冠詞のo, aにも複数のsがつきます。

o menino （その男の子）　→　**os** meninos （その男の子たち）
a menina （その女の子）　→　**as** meninas （その女の子たち）

不定冠詞は名詞が複数形になると消えます。

Tem **um** livro aqui.　→　Tem livros aqui.
ここに本が1冊あります。　　ここに（複数の）本があります。

Tem **um** lápis aqui.　→　Tem lápis aqui.
ここに鉛筆が1本あります。　ここに（複数の）鉛筆があります。

1 カッコ内の名詞を複数形にしましょう。

1　Dois ...., por favor.（garfo）　　フォークを2本、お願いします。
2　Duas ...., por favor.（colher）　　スプーンを2本、お願いします。
3　Tem dois .... aqui.（homem）　　ここに男性が2人います。
4　Tem duas .... aqui.（mulher）　　ここに女性が2人います。
5　Tem dois .... aqui.（caderno）　　ここにノートが2冊あります。

　　数字の「2」も男性名詞と女性名詞でつける形が違います。男性名詞にはdois, 女性名詞にはduasを使います。

2 カッコ内の名詞を、定冠詞も添えて複数形にしましょう。

1　Ajude ....（homem）
　　その男性たちを手伝ってください。
2　Ajude ....（moça）
　　その若い女性たちを手伝ってください。
3　Ajude ....（rapaz）
　　その青年たちを手伝ってください。
4　Ajude ....（japonês）
　　その日本人男性たちを手伝ってください。

　　カッコの中の名詞が男性名詞か女性名詞か、よく考えて定冠詞を入れましょう。Ajude＋人は「～を手伝ってください」という意味です。

3 次の日本語をポルトガル語にしましょう。

1　ビール2本とコップ2個、お願いします。

2　ここに（複数の）スプーンがあります。

3　ここに2台のバスがあります。

4　その女性たちを手伝ってください。

私は学生です

Eu sou estudante.

ブラジルのポルトガル語では、主語に合わせて動詞が4つの形に活用します。英語のbe動詞にあたるserで確認してみましょう。

○ serの活用

eu（私）	sou	nós（私たち）	somos
você（あなた） ele（彼） ela（彼女）	é	vocês（あなたたち） eles（彼ら） elas（彼女ら）	são

 動詞は主語に合わせて4つの形に活用！

否定文は、動詞の前にnãoを置きます。

Eu sou estudante. 　　私は学生です。
Eu **não** sou estudante. 　　私は学生ではありません。

また、「はい」か「いいえ」で答える疑問文は、主語と動詞の語順は変えずに、最後に「？」をつけます。発音する時には最後を上がり調子で読みましょう。

Você é estudante. 　　あなたは学生です。
Você é estudante? 　　あなたは学生ですか？
Sim, eu sou estudante. 　　はい、私は学生です。
Não, eu não sou estudante. 　　いいえ、私は学生ではありません。

この否定文と疑問文の作りかたは、どんな動詞や時制でも同じです。

 否定文は動詞の前にnão、疑問文は語順を変えずに最後に「？」

また、ポルトガル語は主語を省略できるので、明確な場合は主語をつけなくても構いません。

Sou estudante. 　　私は学生です。
Não sou estudante. 　　私は学生ではありません。

1 主語に合わせて ser を活用させましょう。
1. Ele .... brasileiro.　彼はブラジル人です。
2. Nós .... estudantes.　私たちは学生です。
3. Elas .... professoras.　彼女らは先生です。
4. Eu .... japonês.　私は日本人です。

2 次の文を疑問文もしくは否定文に変えましょう。
1. Ele é japonês.　　　彼は日本人です。
   (否定文に) ....
2. Você é estudante.　あなたは学生です。
   (疑問文に) ....
3. Eles são brasileiros.　彼らはブラジル人です。
   (否定文に) ....
4. Vocês são professores.　あなたたちは先生です。
   (疑問文に) ....

3 次の質問の答えとなる主語と ser を入れましょう。
1. Maria é brasileira?　　　　　　マリアはブラジル人ですか？
   Sim, ... brasileira.　はい、彼女はブラジル人です。
2. Vocês são estudantes?　　　　　あなたたちは学生ですか？
   Sim, ... estudantes.　はい、私たちは学生です。
3. Paulo e Roberto são brasileiros?　パウロとホベルトはブラジル人ですか？
   Sim, ... brasileiros.　はい、彼らはブラジル人です。
4. Você é estudante?　　　　　　　あなたは学生ですか？
   Sim, ... estudante.　はい、私は学生です。
5. Pedro é professor?　　　　　　ペドロは先生ですか？
   Sim, ... professor.　はい、彼は先生です。

　　答えとなる主語に対応した ser の活用形を入れましょう。

あなたはブラジル人ですか?

Você é brasileiro?
Você é brasileira?

上の文は両方とも「あなたはブラジル人ですか？」という意味ですが、それぞれの違いが分かりますか？ brasileiroは「ブラジル人男性」、brasileiraは「ブラジル人女性」という意味です。国籍や職業を表す名詞は、主語に合わせて男女をこのように使い分けなければいけません。つまり1つ目の文は男性の相手に向かって「あなたはブラジル人ですか？」と聞く場合で、2つ目が女性の相手に向かってたずねる文なのです。

 国籍や職業の名詞は主語に合わせて性数変化させよう！

辞書には「男の～」しか載っていない場合もあるので、基本的な変化を覚えておくことが大事です。

○男性形から女性形への基本的な変化の仕方

男性形	女性形への変え方	例
-o で終わる	oをaに変える	brasileiro → brasileira
-or, -êsで終わる	語尾にaをつける	professor → professor**a** japonês → japonesa (記号に注意)
-e, -aで終わる	男性形と同じ形	estudante → estudante

また主語が複数の場合は、serの後ろにくる国籍や職業の名詞も複数形になります。ちなみに、男性が1人でも含まれると、男性形複数を使います。

Vocês são **brasileiros**? 　「あなたたち」が全員男性か、男女混合
Vocês são **brasileiras**? 　「あなたたち」が全員女性

Nós somos **brasileiros**. 　「私たち」は全員男性か、男女混合
Nós somos **brasileiras**. 　「私たち」は全員女性

1 国籍や職業を表す名詞を女性形に変化させましょう。

1　Ele é chinês.　　　　　　　彼は中国人です。
　→ Ela é _____ .　彼女は中国人です。

2　Ele é americano.　　　　　　彼はアメリカ人です。
　→ Ela é _____ .　彼女はアメリカ人です。

3　Ele é cantor.　　　　　　　彼は歌手です。
　→ Ela é _____ .　彼女は歌手です。

4　Ele é dentista.　　　　　　彼は歯医者です。
　→ Ela é _____ .　彼女は歯医者です。

英語と異なり、職業の単語の前には不定冠詞をつけません。

2 主語に合わせてカッコ内の名詞を変化させましょう。

1　Eles são _____ . (médico)　彼らは医者です。
2　Elas são _____ . (japonês)　彼女らは日本人です。
3　Eles são _____ . (cantor)　彼らは歌手です。
4　Elas são _____ . (estudante)　彼女らは学生です。

カッコの中の単語は男性形になっているので、女性形にしなければいけないものは、変化させましょう。

3 次の日本語をポルトガル語にしましょう。

1　彼女は医者です。

_____

2　彼らは日本人です。

_____

3　彼女らは先生ですか？

_____

4　彼らは中国人ではありません。

_____

第5課 こちらは私の友達です

Este é meu amigo.
Esta é minha amiga.

前回に引き続き、上記の文は2つとも「こちらは私の友達です」という意味です。amigoは「男友達」で男性名詞、amigaは「女友達」で女性名詞ですが、それを修飾する指示詞や所有詞も、名詞に合わせて男性形・女性形、単数・複数の変化をします。

○指示詞

	男性形・単数	女性形・単数	男性形・複数	女性形・複数
この・これ	este	esta	estes	estas
その・それ	esse	essa	esses	essas
あの・あれ	aquele	aquela	aqueles	aquelas

○所有詞（下記以外の所有の表現は第6課参照）

	男性形・単数	女性形・単数	男性形・複数	女性形・複数
私の	meu	minha	meus	minhas
あなたの	seu	sua	seus	suas
私たちの	nosso	nossa	nossos	nossas

Este é **meu** livro.　　これは私の本です。
Esta é **minha** casa.　　これは私の家です。
Estes são **meus** livros.　これらは私の本です。

また、所有詞の前にはo meu livroやa minha casaのように、定冠詞をつけても構いません。

 指示詞や所有詞は修飾する名詞に合わせて性数変化させよう！

所有格（「〜のもの」）は所有詞と同じ形になります。この場合も名詞に合わせて性数変化させます。

　Este livro é **meu**.　　この本は私の（もの）です。
　Esta casa é **minha**.　　この家は私の（もの）です。

1 日本語に合うように、下線部に所有格を入れましょう。
1　Aqueles livros são ＿＿＿＿＿＿．　あれらの本は私のです。
2　Essa cadeira é ＿＿＿＿＿＿．　その椅子はあなたのです。
3　Estes carros são ＿＿＿＿＿＿．　これらの車は私たちのです。

　　主語の名詞の性数と同じ所有格を選びましょう。

2「こちらは私の～です」となるように、下線部に指示詞と所有詞を入れましょう。
1　＿＿＿＿ é ＿＿＿＿ pai.　こちらは私の父です。
2　＿＿＿＿ é ＿＿＿＿ mãe.　こちらは私の母です。
3　＿＿＿＿ são ＿＿＿＿ pais.　こちらは私の両親です。
4　＿＿＿＿ são ＿＿＿＿ filhas.　こちらは私の娘たちです。

　　3のpais「両親」はpai「父」の複数形、つまり男性名詞複数です。

3「そちらはあなたの～ですか？」となるように、下線部に指示詞と所有詞を入れましょう。
1　＿＿＿＿ é ＿＿＿＿ irmão?　そちらはあなたの弟ですか？
2　＿＿＿＿ são ＿＿＿＿ filhos?　そちらはあなたの息子たちですか？
3　＿＿＿＿ é ＿＿＿＿ professora?　そちらはあなたの先生ですか？
4　＿＿＿＿ são ＿＿＿＿ irmãs?　そちらはあなたの妹たちですか？

　　irmão, irmã は英語と同様、「兄・弟」、「姉・妹」の区別をしません。

4 次の日本語をポルトガル語にしましょう。
1　あの家は私たちのです。

2　あれらのノートはあなたのですか？　（ノート：caderno）

3　これらのペンは私のではありません。　（ペン：caneta）

　　名詞の性数をよく考えて、指示詞、所有詞、所有格を選びましょう。

第6課 これはマリアの家です

Esta é a casa de Maria

第5課で出てきた所有者(「私」「あなた」「私たち」)以外が所有者になる表現は、所有を表す前置詞deを使い、名詞の後ろに置きます。この時、名詞には定冠詞をつけます。

Este é o carro **de** Paulo.　これはパウロの車です。
Essa é a casa **de** vocês?　それはあなたたちの家ですか?

 「私の」「あなたの」「私たちの」以外の所有の表現は、前置詞deを用いる!

ただし、人称代名詞ele(s), ela(s)が所有者になる時は、前置詞deとくっつき、縮合形になります。また、deの後ろに定冠詞がくる時も、縮合形になります。

人称代名詞	ele	ela	eles	elas
deの縮合形	dele (de+ele)	dela (de+ela)	deles (de+eles)	delas (de+elas)

Este é o carro **dele**.　これは彼の車です。
Este é o carro **dela**.　これは彼女の車です。

定冠詞	o	a	os	as
deの縮合形	do (de+o)	da (de+a)	dos (de+os)	das (de+as)

Este é o carro **do meu pai**.　これは私の父の車です。
Este é o carro **da minha mãe**.　これは私の母の車です。

 deの縮合形の形に注意しよう!

また、前置詞deには起源や出身を表す用法もあります。出身をいう時は第3課で勉強した**ser＋de＋出身地**(出身地が国名の場合、縮合形に注意)です。

Eu **sou de Nagoia**.　私は名古屋出身です。
Ele **é do Brasil**.　彼はブラジル出身です。

1 日本語に合うように所有の表現を入れましょう。

1. Esta é a casa _____. これは彼らの家です。
2. Esse é o livro _____? それはパウロの本ですか？
3. Esse é o copo _____? それは彼のコップですか？
4. Este é o professor _____. こちらは彼らの先生です。
5. Estes são os filhos _____. こちらは彼女の息子たちです。

2 前置詞 de を用いて、カッコの中の出身地を入れましょう。

1. Eu sou _____. (o Japão) 私は日本出身です。
2. Ele é _____. (São Paulo) 彼はサンパウロ出身です。
3. Ela é _____. (os Estados Unidos) 彼女はアメリカ出身です。
4. Eles são _____. (a China) 彼らは中国出身です。
5. Elas são _____. (o Brasil) 彼女らはブラジル出身です。

ポルトガル語では国の名前に定冠詞がつきます。ただし、**Portugal**「ポルトガル」など一部の国は例外で定冠詞をつけません。また町の名前には定冠詞がつきませんが、**o Rio de Janeiro**「リオデジャネイロ」のように例外もあります。

3 カッコの中の単語を日本語に合うように並べ替えましょう。

1. 彼の名前はパウロです。(Paulo / o nome / é / dele)

   _____.

2. あれはあなたの兄の娘ですか？ (a filha / seu / do / é / aquela / irmão)

   _____?

3. 彼らはカミラの両親です。(são / de / eles / Camila / os pais)

   _____.

4. 彼女らの先生はポルトガル出身です。(delas / Portugal / o professor / de / é)

   _____.

第7課 彼女はとても美しい

Ela é muito bonita.

ポルトガル語では形容詞も修飾する名詞に合わせて性数変化をします。辞書には男性形の形しか載っていないことも多いので、女性形への変化の仕方を覚えておきましょう。複数形の変化の仕方は第2課の名詞の複数形の作りかたと同様です。

男性形	女性形への変え方	例
-o で終わる	o を a に変える	bonito → bonita 美しい
-a, -e, -l, -m, -r, -s, -z で終わる	男性形と同じ形	grande → grande 大きい
-u, -or, -ês で終わる	後ろに a をつける	sonhador → sonhadora 夢見がちな

例外：bom 良い → boa　　mau 悪い → má

たとえばalto「背が高い」は主語に合わせて以下のように性数変化します。
Ele é **alto**.　　彼は背が高い。
Ela é **alta**.　　彼女は背が高い。
Eles são **altos**.　彼らは背が高い。
Elas são **altas**.　彼女らは背が高い。

 形容詞は修飾する名詞に合わせて性数変化させよう！

形容詞が名詞を直接修飾する場合には、基本的に形容詞は名詞の後ろに置かれます。

Tem uma **casa grande** aqui.　　ここに1軒の大きな家があります。
Tem dois **carros bonitos** aqui.　ここに2台のかっこいい車があります。

 形容詞が名詞を修飾する時は、名詞の後ろに！

ただし、名詞の前に置くことで意味が変わる形容詞もあります。

homem grande　　大きい男性
grande homem　　偉大な男性

1 名詞に合わせてカッコ内の形容詞を適切な形に変化させましょう。

1. Maria é .... (baixo)　　マリアは背が低い。
2. Meus dois irmãos são .... (bonito)　　私の2人の兄はかっこいい。
3. Estas canetas são .... (caro)　　これらのペンは高い。
4. Minha amiga é .... (alegre)　　私の女友達は明るい。
5. É uma ideia .... (bom)　　良いアイデアです。

カッコ内の形容詞は男性形単数の形になっているので、主語に合わせて変化させましょう。

2 カッコ内の単語を日本語に合うように並べ替えましょう。

1. ここに1台の新しい車があります。(um / novo / aqui / carro / tem)

2. ここに1人の小さい女の子がいます。(menina / uma / aqui / pequena / tem)

3. この古いノートは私のです。(caderno / meu / é / este / velho)

4. 彼女は偉大な女性です。(mulher / ela / é / grande / uma)

novo「新しい、若い」↔velho「古い、年老いた」のように、よく使う形容詞は対にして覚えましょう。

3 カッコの中の形容詞（男性形単数になっています）を使って、次の日本語をポルトガル語にしましょう。

1. このペンは安い。(barato)

2. 私の両親は明るい。(alegre)

3. 彼の家は大きい。(grande)

主語になる名詞の性数をよく考えて、カッコ内の形容詞を性数変化させましょう。

大丈夫ですか?

Você está bem?

英語のbe動詞にあたる動詞は、第3課で勉強したserのほかに、estarがあります。この動詞は、その日の天候、心や体の状態など「一時的な状態」を表す時に使います。estarの後ろには形容詞や副詞が来たり、**estar com** + **抽象名詞**（comは付帯を表す前置詞）で、「〜の状態である」という意味になり、精神や肉体の一時的な状態や、病状を表すことができます。また「一時的な所在」を表す時にも使います。

○ estarの活用

eu（私）	estou	nós（私たち）	estamos
você（あなた） ele（彼） ela（彼女）	está	vocês（あなたたち） eles（彼ら） elas（彼女ら）	estão

〈estar＋形容詞、副詞〉

 Hoje **está** frio. 　　　　　今日は寒い。（その日の天候）
 Eu **estou** triste. 　　　　私は悲しい。（心の状態）
 Ele **está** cansado. 　　　彼は疲れています。（体の状態）
 Você **está** bem? 　　　　あなたは元気ですか？／大丈夫ですか？（体の状態）
 Meus livros **estão** aqui. 　私の本（複数）はここにあります。（一時的な所在）

〈estar com＋抽象名詞〉

 Eu **estou com** sono. 　　　　　　　　私は眠い。
 Eu não **estou com** fome. 　　　　　　私はおなかがすいていません。
 Você **está com** sede? 　　　　　　　あなたはのどがかわいていますか？
 Nós **estamos com** inveja de você. 　私たちはあなたがうらやましい。（de＋対象）
 Meu filho **está com** febre. 　　　　　私の息子は熱があります。
 Eu **estou com** dor de cabeça. 　　　私は頭が痛い。（de＋体の部位）

 estarは「一時的な状態」を表す！

1 主語に合わせてestarを活用させましょう。

1. Ela _____ alegre. 　　彼女はうれしい。
2. Eu _____ feliz. 　　私は幸せ（な状態）です。
3. Minhas filhas _____ aqui. 　　私の娘たちはここにいます。
4. Hoje _____ quente. 　　今日は暑い。
5. Nós _____ bem. 　　私たちは元気です。

> 4のような天候表現は非人称表現で、動詞は常に「あなた、彼、彼女」が主語の時と同じ活用です。

2 次の文のカッコの中に、必要であればcomを、必要でなければ「×」を入れましょう。

1. Eu estou (　　　) dor de barriga. 　　私はおなかが痛い。
2. Você está (　　　) satisfeito? 　　あなたは満足ですか？
3. Ela está (　　　) fome. 　　彼女はおなかがすいています。
4. Meu pai está (　　　) bem. 　　私の父は元気です。
5. Eu estou (　　　) saudades do Brasil. 　　私はブラジルが懐かしい。

> 後ろが名詞の時にはcomが必要です。形容詞や副詞の場合は要りません。
> saudadesの対象になるものは前置詞deの後ろに置きます。

3 次の日本語をポルトガル語にしましょう。

1. 彼らは疲れていません。

　　_____

2. あなたは大丈夫ですか？（あなたは）熱があるのですか？

　　_____

3. 私は満足です。（自分の性別に合った表現で書きましょう）

　　_____

4. 私たちはあなたが懐かしいです。

　　_____

> 形容詞は主語に合わせて性数変化することを忘れずに。

第9課 彼は銀行にいます

Ele está no banco.

第3課のserと第8課のestarの使い分けをまとめると、下の表のようになります。

ser	普遍的な事実、人やものの性質や特徴を表す 動かないもの（建物や場所）の所在を表す
estar	一時的な状態を表す 動くもの（人やもの）の所在を表す

具体的な文で、使い分けを見てみましょう。

Meu carro **é** grande.　　私の車は大きい。（ものの特徴）
Meu carro **está** quebrado.　　私の車は壊れています。（ものの一時的な状態）
Ela **é** alegre.　　彼女は明るい（性格です）。（人の性質）
Ela **está** alegre.　　彼女は明るい（気分です）。／彼女はうれしい。（人の感情）
Onde **é** o banheiro?　　トイレはどこですか？（動かないものの所在）
Onde **está** Maria?　　マリアはどこですか？（人の所在）

 ser は普遍的、estar は一時的な状態を表す！

また、所在の表現でよく使われる、場所を表す前置詞emも覚えましょう。この前置詞も de と同じように、後ろに定冠詞が来ることで縮合形になります。

定冠詞	o	a	os	as
emの縮合形	no (em+o)	na (em+a)	nos (em+os)	nas (em+as)

Eu estou **em** São Paulo.　　私はサンパウロにいます。
Ele está **no** banco.　　彼は銀行にいます。
Minha casa é **nos** Estados Unidos.　　私の家はアメリカにあります。

 場所を表す前置詞em、縮合形の形にも注意しよう！

1 カッコの中に前置詞emもしくは定冠詞との縮合形を入れましょう。

1. Paulo está (　　　) Japão.　　　　　　　パウロは日本にいます。
2. Eu estou (　　　) universidade.　　　　私は大学にいます。
3. Nós estamos (　　　) Tóquio.　　　　　　私たちは東京にいます。
4. Maria está (　　　) Brasil?　　　　　　　マリアはブラジルにいますか？
5. Ele está (　　　) casa.　　　　　　　　　彼は自宅にいます。
6. Meu irmão está (　　　) estação de Quioto.　私の兄は京都駅にいます。

> 5のcasaを「自宅」という意味で使う時は、定冠詞をつけません。ということとは…。「大学」と「駅」は男性名詞か女性名詞か覚えていますか？
> 日本の地名は日本語のローマ表記でつづりますが、東京、京都、名古屋は一般的にTóquio, Quioto, Nagoiaと表記します。

2 日本語に合うように、serまたはestarを適切な形にして活用させましょう。

1. O verão em Nagoia ……………… quente.　　名古屋の夏は暑い。
2. Mas hoje não ……………… quente.　　　　しかし今日は暑くない。
3. Eu ……………… em Osaka.　　　　　　　　私は大阪にいます。
4. Mas eu ……………… de Okinawa.　　　　　しかし私は沖縄出身です。
5. Onde ……………… seus filhos?　　　　　　あなたの息子たちはどこですか？
6. Onde ……………… o banco?　　　　　　　　銀行はどこですか？
7. Meus pais ……………… professores.　　　私の両親は先生です。
8. Ele ……………… com dor de barriga.　　　彼はおなかが痛い。

> masは「しかし、〜だが」という、英語のbutにあたる表現です。

3 次の日本語をポルトガル語にしましょう。

1. あなたのお父さんはどこですか？（彼は）トイレにいます。

2. 私の椅子は新しいが、壊れています。

第10課 私はたくさんのブラジル人の友達がいます

Eu tenho muitos amigos brasileiros.

terは英語の *have* にあたり、「持っている」という意味です。よく使う動詞なので、しっかり覚えましょう。

○ terの活用

eu（私）	tenho	nós（私たち）	temos
você（あなた） ele（彼） ela（彼女）	tem	vocês（あなたたち） eles（彼ら） elas（彼女ら）	têm

Eu **tenho** um carro novo.　私は1台の新車を持っています。
Você **tem** irmãos?　あなたはきょうだいがいますか？
Ele não **tem** namorada.　彼は恋人がいません。

またtemの形を使って、存在表現を言うことができます（英語の *There is, There are* の表現）。英語と違い、存在するものが単数でも複数でも動詞の形は変わりません。

Tem uma mesa aqui.　ここにテーブルが1つあります。（単数）
Tem dois bancos na cidade.　町には銀行が2軒あります。（複数）

 terはtemの形で存在を表せる！

ここでmuitoの使いかたも確認しましょう。「とても」の意味（副詞）で使う時は、形はそのままですが、「たくさんの」「多くの」の意味（形容詞）で使う時は、名詞の前に置き、修飾する名詞に合わせて性数変化をします。

Ela é **muito** bonita.　彼女はとても美しい。（副詞）
Ela tem **muitos** livros.　彼女はたくさんの本を持っています。（形容詞）
Ela tem **muitas** canetas.　彼女はたくさんのペンを持っています。（形容詞）

1 主語に合わせて ter を活用させましょう。

1　Nós ＿＿＿＿＿ uma casa grande.　　私たちは大きな家を持っています。
2　Eles não ＿＿＿＿＿ filhos.　　彼らは子供がいません。
3　Maria ＿＿＿＿＿ namorado.　　マリアは恋人がいます。
4　Eu ＿＿＿＿＿ tempo.　　私は時間があります。

> ter を使った疑問文や否定文の目的語は基本的に複数形にします。ただし、数えられない名詞（不可算名詞）や1人につき1つしか持っていないようなものは単数形にします。

2 日本語に合うように muito もしくはその変化した形を入れましょう。

1　Paula tem ＿＿＿＿＿ bolsas.
　　パウラはたくさんのバッグを持っています。
2　Eles são ＿＿＿＿＿ altos.　　彼らはとても背が高い。
3　Ele tem ＿＿＿＿＿ dinheiro.　　彼はたくさんのお金を持っています。
4　Eu estou com ＿＿＿＿＿ sono.　　私はとても眠い。

> 3のdinheiro「お金」は不可算名詞で、複数形にはしません。4のsono「眠気」も不可算名詞で抽象名詞ですが、直訳すると「私はたくさんの眠気を持っている状態です」となるので、日本語に惑わされないよう注意して入れましょう。

3 次の日本語をポルトガル語にしましょう。

1　私は兄が2人います。

＿＿＿＿＿＿＿＿＿＿＿＿＿＿＿＿＿＿＿＿＿＿＿＿＿＿＿＿＿＿

2　日本にはたくさんのブラジル人がいます。

＿＿＿＿＿＿＿＿＿＿＿＿＿＿＿＿＿＿＿＿＿＿＿＿＿＿＿＿＿＿

3　ブラジルにはたくさんの日本人がいます。

＿＿＿＿＿＿＿＿＿＿＿＿＿＿＿＿＿＿＿＿＿＿＿＿＿＿＿＿＿＿

4　私の妹たちはお金を持っていません。

＿＿＿＿＿＿＿＿＿＿＿＿＿＿＿＿＿＿＿＿＿＿＿＿＿＿＿＿＿＿

複数形の作りかた

　第2課では、ポルトガル語の基本的な複数形の作りかた（母音で終わる、-mで終わる、-r, -s, -zで終わる）を紹介しました。
　ここではそれ以外の複数形の作りかたを見ていきましょう。名詞も形容詞も複数形の作りかたの決まりは同じです。

【語末が -ão の場合】

　3種類の複数形の作りかたがあるので、一つ一つ覚える必要があります。ただ、①のパターンが最も一般的な作りかたで、特に -ção で終わる語は必ず①の決まりになります。

　　作りかた①：ão を ões に変える
　　　　　例）coração　心臓　　→　cor**ações**
　　　　　　　avião　　飛行機　→　avi**ões**

　　作りかた②：ão を ães に変える
　　　　　例）alemão　ドイツ人男性　→　alem**ães**
　　　　　　　pão　　　パン　　　　　→　p**ães**

　　作りかた③：ão の後ろに s をつける
　　　　　例）irmão　兄・弟　→　irmão**s**
　　　　　　　mão　　手　　　→　mão**s**

【語末が -l の場合】

1) -al, -el, -ol, -ul で終わる語　→　最後の l を is に変える
　　　　　例）hospital　病院　　　　　　　　　　　→　hospita**is**
　　　　　　　real　　　レアル（ブラジルの通貨単位）→　rea**is**

　　　　＊アクセント記号のない -el, -ol で終わる語（最後の音節にアクセントがある語）を複数形にするときは、-éis, -óis のようにアセント・アグードをつけます。

　　　　　例）hotel　　　ホテル　　　　→　hot**éis**
　　　　　　　espanhol　スペイン人男性　→　espanh**óis**

2) アクセント記号のない-ilで終わる語　→　最後のlをsに変える
　　（最後の音節にアクセントがある語）
　　　　　例）barril　樽　→　barris

3) アクセント記号のある-ilで終わる語　→　ilをeisに変える
　　（最後の音節以外にアクセントがある語）
　　　　　例）fácil　簡単な　→　fáceis
　　　　　　　difícil　難しい　→　difíceis

　ただし外来語は上記の決まりにはならず、そのまま後ろにsをつける場合があります。
　　　　　例）gol　　ゴール　→　gols
　　　　　　　e-mail　Eメール　→　e-mails

上の写真を見てください。

　　loja　　　　　店　　　　　　　　→　lojas
　　informação　インフォメーション　→　informações
　　sanitário　　トイレ　　　　　　　→　sanitários

このように複数形になっていますね。

単語を増やそう（その1）

家族に関する単語：famíla 女 家族

pai 男 父	mãe 女 母	pais 男複 両親	
marido 男 夫	esposa 女 妻	irmão 男 兄・弟	irmã 女 姉・妹
filho 男 息子	filha 女 娘		
avô 男 祖父	avó 女 祖母	avós 男複 祖父母	neto / a 男女 孫
tio 男 おじ	tia 女 おば	primo / a 男女 いとこ	
sobrinho 男 甥	sobrinha 女 姪	parente 男女 親戚	
cunhado 男 義理の兄・弟		cunhada 女 義理の姉・妹	
sogro 男 舅	sogra 女 姑	genro 男 婿	nora 女 嫁

＊「/a」の表記は、男性形の最後のoをaに変えることで女性形（女性をさす言葉）になることを表します。

　最後のgenro「婿」は「娘の夫」、nora「嫁」は「息子の妻」の意味です。最近言われる「俺の嫁」の訳はminha noraではなくminha esposaになるので注意…。

人間関係に関する単語：relações humanas 女複 人間関係

bebê 男 赤ちゃん	criança 男 子供	adulto 男 大人
menino 男 男の子	menina 男 女の子	
rapaz 男 青年、若い男性	moça 男 若い女性	jovem 男女 若者
homem 男 男性	mulher 女 女性	idoso / a 男女 老人
amigo / a 男女 友達	colega 男女 同僚、クラスメイト	
companheiro / a 男女 仲間	vizinho / a 男女 隣人	
namorado / a 男女 恋人	noivo / a 男女 婚約者	
solteiro / a 男女 独身者	casado / a 男女 既婚者	

Kaori：Quem é aquele rapaz?
　　　あの青年は誰ですか？
Pedro：Ele é meu amigo, Paulo.
　　　彼は僕の友達のパウロです。
　　　É o namorado de Maria.
　　　（彼は）マリアの恋人です。

国籍に関する単語：nacionalidade 女 国籍

japonês / japonesa　日本人	brasileiro / a　ブラジル人
americano / a　アメリカ人	canadense　カナダ人
peruano / a　ペルー人	argentino / a　アルゼンチン人
chileno / a　チリ人	boliviano / a　ボリビア人
colombiano / a　コロンビア人	mexicano / a　メキシコ人
inglês / inglesa　イギリス人	português / portuguesa　ポルトガル人
alemão / alemã　ドイツ人	francês / francesa　フランス人
italiano / a　イタリア人	espanhol / espanhola　スペイン人
russo / a　ロシア人	australiano / a　オーストラリア人
chinês / chinesa　中国人	coreano / a　韓国人

　国籍の単語は英語と異なり、小文字で始めます。また、国籍を表す名詞の男性形単数は、その国の言語を表す名詞としても用いられます。

Maria：Qual é a sua nacionalidade?
　　　　あなたの国籍は何ですか？
Kaori：Eu sou japonesa.
　　　　私は日本人です。

職業に関する単語：profissão 女 職業

estudante　学生	professor / professora　先生	
médico / a　医者	enfermeiro / a　看護師	dentista　歯科医
funcionário / a　従業員	engenheiro / a　エンジニア	
bancário / a　銀行員	advogado / a　弁護士	
policial　警察官	bombeiro / a　消防士	jornalista　記者
cozinheiro / a　料理人	comerciante　商人	balconista　店員
cantor / cantora　歌手	pintor / pintora　画家	ator / atriz　俳優
artista　アーティスト	fotógrafo / a　カメラマン	escritor / escritora　作家
agricultor / agricultora　農業従事者		dona de casa　主婦

Kaori：　Qual é a sua profissão? / O que você faz?
　　　　　あなたの職業は何ですか？
Roberto：Eu sou funcionário de uma firma.
　　　　　私は会社員（ある会社の従業員）です。

第11課 私は30歳です

Eu tenho trinta anos.

○**基数**：人やものの個数を数える時に使います。

1	um / uma	11	onze	21	vinte e um / uma
2	dois / duas	12	doze	22	vinte e dois / duas
3	três	13	treze	30	trinta
4	quatro	14	quatorze	40	quarenta
5	cinco	15	quinze	50	cinquenta
6	seis	16	dezesseis	60	sessenta
7	sete	17	dezessete	70	setenta
8	oito	18	dezoito	80	oitenta
9	nove	19	dezenove	90	noventa
10	dez	20	vinte	100	cem

既に出てきましたが、「1」と「2」には男性形と女性形があります（11と12を除いた、一の位が1と2の数字も同様）。20から大きい数字は十の位の数字と一の位の数字の間にeを入れます。

> 🛟 **「1」と「2」は名詞の性に合わせて男性形と女性形を使い分けよう！**

順番を表す序数はよく使う1〜10番目までを見てみましょう。序数には男性形と女性形があるので、修飾する名詞に合わせて変化させましょう。

○**序数**

1番目の	primeiro / primeira	6番目の	sexto / sexta
2番目の	segundo / segunda	7番目の	sétimo / sétima
3番目の	terceiro / terceira	8番目の	oitavo / oitava
4番目の	quarto / quarta	9番目の	nono / nona
5番目の	quinto / quinta	10番目の	décimo / décima

> 🛟 **序数も名詞の性に合わせて男性形と女性形を使い分けよう！**

1 日本語に合うように、下線部に数字をつづりで書きましょう。

1. Ele tem _____ anos.　彼は15歳です。
2. Meu pai tem _____ anos.　私の父は57歳です。
3. Maria tem _____ anos.　マリアは36歳です。
4. Camila tem _____ anos.　カミラは21歳です。
5. Meu irmão tem _____ ano.　私の弟は1歳です。
6. Meu cachorro tem _____ anos.　私の犬は2歳です。

> ポルトガル語では英語と違い、年齢表現はterを使います。年齢の数字はano「年、歳」が男性名詞なので、男性形を用います。また、1歳以外は、複数のanosとなります。

2 下線部に序数を入れましょう。

1. Pedro está no _____ andar.　ペドロは5（番目の）階にいます。
2. É a _____ vez.　初めてです。
3. Ele é o _____ filho.　彼は長男です。
4. Ela é a _____ filha.　彼女は次女です。

> 1のandar「階」は男性名詞です。階数表示は序数を使いますが、ブラジルではprimeiro andarが日本の2階にあたります。日本での1階はtérreo「地上階」といいます。2のvez「回」は女性名詞です。

3 次の日本語をポルトガル語にしましょう

1. 彼は姉が2人います。

　_____

2. 私は○歳です。（自分の年齢を入れてみましょう）

　_____

3. 私たちは3（番目の）階にいます。

　_____

第12課 今日は8月26日です

Hoje é dia vinte e seis de agosto.

曜日と月の名詞を確認して覚えましょう。英語と異なり、曜日も月も単語の最初の文字は小文字で書きます。

○曜日

日曜日	domingo	木曜日	quinta-feira
月曜日	segunda-feira	金曜日	sexta-feira
火曜日	terça-feira	土曜日	sábado
水曜日	quarta-feira		

○月名

1月	janeiro	5月	maio	9月	setembro
2月	fevereiro	6月	junho	10月	outubro
3月	março	7月	julho	11月	novembro
4月	abril	8月	agosto	12月	dezembro

日付の表現は、日本語とは逆に「日／月／年」の順番で、それぞれの間に前置詞 de を入れます。日にちの数字は基数を用いますが、「1日」だけは序数の primeiro を使います。

Hoje é dia 16 de agosto de 2015.　今日は2015年8月16日です。
Amanhã é dia primeiro de abril.　明日は4月1日です。
＊「2015」は dois mil e quinze と読みます。

> 🛟 **日付は「日／月／年」の順番で！**

また、曜日や日付の表現には、前置詞 em を用いて、「～に」と表すことができます。縮合形に注意しましょう。ただし、月名は無冠詞なので em のままです。

Meu aniversário é **no** dia sete de setembro.
私の誕生日は9月7日です。（9月7日にあります）
Ele tem uma reunião **na** segunda-feira.　彼は月曜日に会議がひとつあります。
A prova é **em** julho.　その試験は7月にあります。

1 下線部に曜日を入れましょう。

1　Hoje é _____.　　今日は金曜日です。
2　Amanhã é _____.　　明日は土曜日です。
3　Depois de amanhã é _____.　　明後日は日曜日です。

2 下線部に日付を入れましょう。

1　Hoje é dia _____
　　今日は7月31日です。
2　O Natal é no dia _____
　　クリスマスは12月25日です。
3　O Dia dos Namorados é no dia _____
　　恋人の日は6月12日です。
4　No Japão, o Dia das Crianças é no dia _____
　　日本では、子供の日は5月5日です。
5　Hoje é dia _____
　　今日は1月1日です。

> ブラジルにはバレンタインデーはありませんが、6月12日の「恋人の日」にはお互いにプレゼントを贈りあいます。ちなみに、「今日」や「明日」が主語にあたる時は前置詞emはいりません。

3 次の日本語をポルトガル語にしましょう。

1　ブラジルでは、子供の日は10月12日です。

2　私は火曜日に試験がひとつあります。

3　私の誕生日は〇月〇日です。（自分の誕生日を入れましょう）

> ブラジルの子供の日は10月12日ですが、「聖母アパレシーダの日」で祝日でもあります。学校やショッピングセンターなどでパーティーが催されたり、子供たちは親からおもちゃを買ってもらったりします。

第13課 あなたは日本語を話しますか?

Você fala japonês?

ポルトガル語の動詞の種類は3種類あります。それぞれ動詞の原形の語尾の形から -ar動詞、-er動詞、-ir動詞といいます。まずは一番種類の多い-ar動詞の規則動詞の現在形の活用から見てみましょう。

語尾のarの部分を主語に合わせて次のように活用させます。

○ -ar動詞の活用
例） falar　話す

eu（私）	falo	nós（私たち）	fal**amos**
você（あなた） ele（彼） ela（彼女）	fal**a**	vocês（あなたたち） eles（彼ら） elas（彼女ら）	fal**am**

Eu **falo** português.　　私はポルトガル語を話します。
Você **fala** japonês?　　あなたは日本語を話しますか？
Ele não **fala** inglês.　　彼は英語を話しません。

疑問文と否定文の作りかたは、今までに出てきた作りかたと同じです。

> **-ar動詞は活用語尾のarの部分を、主語に合わせて o, a, amos, amに活用させよう！**

疑問文に答える場合は、一般的に疑問文で使われた動詞を使って答えます。主語を省略して動詞のみで答えることが多いので、活用をしっかり覚えておきましょう。

Você **fala** japonês?　　あなたは日本語を話しますか？
Falo.　　　　　　　　（私は）話します。
Não **falo**.　　　　　　（私は）話しません。

1 主語に合わせてカッコの中の動詞を活用させましょう。

1　Eu ＿＿＿＿＿ inglês. (estudar)　　　私は英語を勉強します。
2　Nós ＿＿＿＿＿ em Tóquio. (morar)　　私たちは東京に住んでいます。
3　Eles ＿＿＿＿＿ futebol. (jogar)　　　彼らはサッカーをします。
4　Maria não ＿＿＿＿＿ piano. (tocar)　マリアはピアノを弾きません。
5　Meu pai sempre ＿＿＿＿＿ muitos livros. (comprar)
　　私の父はいつもたくさんの本を買います。

> 国籍の「〜人男性」という名詞は「〜語」という意味にもなります。主語で使う時を除き、定冠詞をつけません。5のsempreは「いつも」という意味です。

2 次の質問に対し、答えになる主語が何になるかをよく考えて、動詞を活用させて答えましょう。

1　Você toca piano?　　　　　　　あなたはピアノを弾きますか？
　＿＿＿＿＿.　　　　　　　　　　弾きます。
2　Vocês falam português?　　　　あなたたちはポルトガル語を話しますか？
　＿＿＿＿＿.　　　　　　　　　　話します。
3　Seus pais moram no Brasil?　　あなたの両親はブラジルに住んでいますか？
　＿＿＿＿＿.　　　　　　　　　　住んでいます。
4　Paulo estuda japonês?　　　　　パウロは日本語を勉強しますか？
　＿＿＿＿＿.　　　　　　　　　　勉強します。

3 次の日本語をポルトガル語にしましょう。

1　私は大学でポルトガル語を勉強します。(大学：universidade)

＿＿＿＿＿

2　パウロは日曜日にサッカーをします。

＿＿＿＿＿

3　彼らは新車を1台買います。

＿＿＿＿＿

> ポルトガル語では近い未来の行為も現在形で表現することがあります。

第14課 あなたはビールを飲みますか？

Você bebe cerveja?

次に-er動詞と-ir動詞の規則動詞の活用を確認しましょう。語尾のer, irの部分を、それぞれ主語に合わせて次のように活用します。

○-er動詞の活用
例) beber 飲む

eu (私)	bebo	nós (私たち)	bebemos
você (あなた) ele (彼) ela (彼女)	bebe	vocês (あなたたち) eles (彼ら) elas (彼女ら)	bebem

Eu **bebo** água. 　　私は水を飲みます。
Você **bebe** cerveja? 　　あなたはビールを飲みますか？
Eles não **bebem** vinho. 　　彼らはワインを飲みません。

○-ir動詞の活用
例) abrir 開く、開ける

eu (私)	abro	nós (私たち)	abrimos
você (あなた) ele (彼) ela (彼女)	abre	vocês (あなたたち) eles (彼ら) elas (彼女ら)	abrem

Eu **abro** aquela janela. 　　私はあの窓を開けます。
Você **abre** esta porta? 　　あなたはこのドアを開けますか？
Nós **abrimos** uma loja. 　　私たちは1軒の店を開きます。

> -er動詞と-ir動詞の違いは「私たち」が主語の時！

1 主語に合わせてカッコの中の動詞を活用させましょう。

1. Eu sempre .... pão. (comer)　　私はいつもパンを食べます。
2. Nós .... português. (aprender)
   私たちはポルトガル語を学びます。
3. Eles não .... inglês. (entender)　　彼らは英語を理解しません。
4. Pedro .... no domingo. (partir)　　ペドロは日曜日に出発します。
5. Meus pais .... cerveja. (beber)　　私の両親はビールを飲みます。

2 次の質問に対し、答えになる主語が何になるかをよく考えて、動詞を活用させて答えましょう。

1. Você bebe caipirinha?　　あなたはカイピリーニャを飲みますか？
   ....　　飲みます。
2. Ela vende a casa?　　彼女は家を売りますか？
   ....　　売ります。
3. Vocês partem amanhã?　　あなたたちは明日出発するのですか？
   ....　　出発します。

caipirinhaはブラジルのお酒 pinga「ピンガ」(cachaça「カシャッサ」ともいう) を使ったカクテルです。

3 次の日本語をポルトガル語にしましょう。

1. 私たちはポルトガル語を理解します。

2. 私の父はビールを飲みません。

3. 私の母はいつもこれらの窓を開けます。

4. あなたたちはたくさんの本を売りますか？　　(売る：vender)

第15課 私はサッカーをするのがとても好きです

Eu gosto muito de jogar futebol.

　動詞の中には、後ろに前置詞を伴うものがあります。その代表的な例として、「好きだ」という意味のgostarを見てみましょう。gostarは前置詞deを伴い、その後ろに名詞や動詞の不定詞がついて「〜が好きだ」「〜するのが好きだ」という意味になります。

Eu **gosta de** chocolate.　　　私はチョコレートが好きです。
Você **gosta de** viajar?　　　あなたは旅行するのが好きですか？
Ele não **gosta** muito **de** nadar.　　彼は泳ぐのがあまり好きではありません。

> 好きなものや好きなことは前置詞deの後ろに！

　「必要だ」という意味のprecisarは、後ろに名詞が来る時には前置詞deを伴いますが、動詞の不定詞が来る時にはdeは必要ありません。

Eu **preciso de** dinheiro.　　私はお金が必要です。
Você **precisa** estudar.　　　あなたは勉強する必要があります。

　また、動詞の不定詞を使う表現として、以前勉強したterの用法も紹介しておきましょう。**ter que＋動詞の不定詞**で「〜しなければならない」という義務を表す表現になります。

Eu **tenho que vender** meu carro.　　私は私の車を売らなければなりません。
Ele **tem que tomar** este remédio.　　彼はこの薬を飲まなければなりません。
Nós não **temos que partir** amanhã.　　私たちは明日出発する必要はありません。
Vocês **têm que comprar** este livro?
あなたたちはこの本を買わなければなりませんか？

> ter que＋動詞の不定詞で「〜しなければならない」！

1 主語に合わせて ter を活用させ、「〜しなければならない」という文にしましょう。

1　Você .... que falar com o professor.
　　あなたは先生と話さなければなりません。
2　Eu .... que aprender inglês.
　　私は英語を学ばなければなりません。
3　Paulo e Ana .... que nadar hoje.
　　パウロとアナは今日泳がなければなりません。

　　　　1 の com は英語の *with* にあたる「〜と」という表現です。

2 主語に合わせてカッコの中の動詞を活用させましょう。また、前置詞 de が必要な場合は、de も入れましょう。

1　Nós .... tocar piano.（gostar）
　　私たちはピアノを弾くのが好きです。
2　Ela .... comprar um carro.（precisar）
　　彼女は車を買う必要があります。
3　Eu .... sorvete.（gostar）
　　私はアイスクリームが好きです。
4　Eu .... você.（precisar）
　　私はあなたが必要です。
5　Meus irmãos .... jogar futebol.（gostar）
　　私の弟たちはサッカーをするのが好きです。
6　Maria .... tempo.（precisar）
　　マリアは時間が必要です。

　　　　前置詞 de がいらないのは、precisar の後ろに動詞の不定詞が来る場合です。

3 次の日本語をポルトガル語にしましょう。

1　私はビールを飲むのがとても好きです。

2　私たちはポルトガル語を勉強する必要があります。

3　彼らは今日出発しなければなりません。

第16課 私はブラジルに旅行したいです

Eu quero viajar para o Brasil.

quererは英語の*want*にあたり、「～が欲しい」「～したい」という意味を持ちます。主語が「あなた」「彼」「彼女」の活用だけ不規則な動詞なので、注意しましょう。

◯ quererの活用

eu（私）	quero	nós（私たち）	queremos
você（あなた） ele（彼） ela（彼女）	quer	vocês（あなたたち） eles（彼ら） elas（彼女ら）	querem

使いかたは**querer＋名詞**で「～が欲しい」、**querer＋動詞の不定詞**で「～したい」という意味になります。

Eu **quero** um carro novo.　　　　　私は新しい車が欲しいです。
Você **quer** cerveja?　　　　　　　　あなたはビールが欲しいですか？
Não **quero**.　　　　　　　　　　　欲しくないです。
Eu **quero** suco de laranja.　　　　　私はオレンジジュースが欲しいです。

Eu **quero** beber caipirinha.　　　　　私はカイピリーニャが飲みたいです。
Vocês **querem** falar com o professor?　あなたたちは先生と話したいですか？
Queremos.　　　　　　　　　　　話したいです。
Eu **quero** viajar para o Brasil.　　　私はブラジルに旅行したいです。
　　　　　　　　　　　　　　　　（paraは方向を表す前置詞）

🛟 欲しいものやしたいことはquererの後ろに！

quererはしたいことや欲しいものを表現するのに使うので、会話の中でも使用頻度が高いです。しっかり覚えて使えるようにしましょう。

1 主語に合わせてquererを活用させましょう。

1　Meu pai .... beber vinho.　　私の父はワインが飲みたいです。
2　Eu não .... jogar futebol.　　私はサッカーをしたくないです。
3　Elas .... sorvete.　　彼女らはアイスクリームが欲しいです。
4　Nós .... aprender inglês.　　私たちは英語を学びたいです。
5　Paulo .... morar no Japão.　　パウロは日本に住みたいです。

2 次の質問に対し、quererを活用させて答えましょう。

1　Você quer comer churrasco?　　あなたはシュハスコを食べたいですか？
　　... .　　食べたいです。
2　Vocês querem viajar para o Brasil?　　あなたたちはブラジルに旅行したいですか？
　　... .　　旅行したいです。
3　Ele quer partir hoje?　　彼は今日出発したいですか？
　　... .　　出発したくないです。

　　1のchurrasco「シュハスコ」はブラジルの代表的な料理です。ウェイターが肉を串刺しにしたものを客の皿のところで切り分けてくれるシステムです。

3 次の日本語をポルトガル語にしましょう。

1　私は新しい家が1軒欲しいです。

2　私の妹は踊りたいです。　（踊る：dançar）

3　彼は彼の車を売りたくないです。

4　あなたは日本に旅行したいですか？　（日本：o Japão）

第17課 このバスは空港へ行きます

Este ônibus vai para o aeroporto.

irは「行く」という意味の不規則動詞です。

○ **ir**の活用

eu（私）	vou	nós（私たち）	vamos
você（あなた） ele（彼） ela（彼女）	vai	vocês（あなたたち） eles（彼ら） elas（彼女ら）	vão

irは方向を表す前置詞aかparaを伴いますが、aには縮合形があるので注意しましょう。

定冠詞	o	a	os	as
aの縮合形	ao (a+o)	à (a+a)	aos (a+os)	às (a+as)

Eu **vou ao** banco. 　　　　　　私は銀行に行きます。
Você **vai à** universidade hoje? 　あなたは今日、大学に行きますか？
Eles **vão para** Tóquio. 　　　　彼らは東京に行きます。

また**ir**＋動詞の不定詞で「〜するつもりだ」「〜する予定だ」という未来表現を表します。

Eu **vou viajar** no mês que vem. 　　私は来月、旅行する予定です。
Meus pais **vão comprar** um carro. 　私の両親は車を買うつもりです。

そして1人称複数の**Vamos**＋動詞の不定詞で「〜しましょう」という勧誘表現になります。

Vamos jogar futebol? 　サッカーをしましょう。
Vamos tomar café? 　　コーヒーを飲みましょう。

> irは「行く」以外に未来のことや勧誘も表わせる！

1 主語や日本語に合わせてirを活用させましょう。

1. Este trem .... para Osaka.　この電車は大阪に行きます。
2. Maria e Ana .... viajar para a China.
   マリアとアナは中国に旅行する予定です。
3. Nós .... para a universidade.　私たちは大学に行きます。
4. Eu .... para Okinawa na semana que vem.
   私は来週、沖縄に行く予定です。
5. .... ao cinema?　映画に行きましょう。

   4や5のように、不定詞に入るべき動詞がirの場合は、重複を避けるために不定詞のirを省略します。

2 カッコの中に前置詞aもしくは定冠詞との縮合形を入れましょう。

1. Ele vai (　　　) estação com Maria.　彼はマリアと駅に行きます。
2. Você vai (　　　) restaurante?　あなたはレストランに行きますか？
3. Eu vou (　　　) São Paulo com eles.　私は彼らとサンパウロに行きます。
4. Eles vão (　　　) Estados Unidos.　彼らはアメリカに行きます。

   aとparaは基本的に言い換え可能ですが、「トイレに行く」や「映画に行く」のように前置詞aしか用いない表現があります。

3 次の日本語をポルトガル語にしましょう。

1. 私はトイレに行きたいです。

2. 彼は明日ポルトガル語を勉強する予定です。

3. ブラジルに行きましょう。

4. 私は来週、彼女と映画に行く予定です。

第18課 ここでタバコを吸ってもいいですか？

Posso fumar aqui?

　poderは「～できる」という意味の不規則動詞です。ただ、後ほど第24課で紹介しますが、ポルトガル語には「～できる」にあたる動詞が3種類あり、どんな意味合いで用いられるかによって使い分けをしないといけません。poderは「状況的に可能」を意味します。後ろに動詞の不定詞をとります。

○ **poderの活用**

eu（私）	**posso**	nós（私たち）	**podemos**
você（あなた） ele（彼） ela（彼女）	**pode**	vocês（あなたたち） eles（彼ら） elas（彼女ら）	**podem**

　Você **pode** ir ao banco hoje?　あなたは今日、銀行に行けますか？
　Eu estou com febre. Eu não **posso** nadar hoje.
　私は熱があります。今日は泳げません。

その他の用法：
○ **許可や禁止：「～してもよい」「～してはいけない」**

　Posso fumar aqui?　　　　　　ここでタバコを吸ってもいいですか？
　Você não **pode** tirar foto aqui.　あなたはここで写真を撮ってはいけません。

○ **依頼：「～してもらえますか？」**

　Pode falar mais devagar?　　　もっとゆっくり話してもらえますか？
　　　　　　　　　　　　　　　　（maisは「より、もっと」の意味）
　Vocês **podem** fechar aquelas janelas?　あれらの窓を閉めてもらえますか？

> 🛟 poderは「状況的に可能」「許可・禁止」「依頼」を表す！

1 主語に合わせて poder を活用させましょう。

1　Você .... escrever seu nome aqui?
　　ここにあなたの名前を書いてもらえますか？
2　Nós .... comprar aquela casa.
　　私たちはあの家を買うことができます。
3　Meus amigos .... vir aqui.
　　私の友人たちはここに来ることができます。
4　Paula não .... ir à escola hoje.
　　パウラは今日、学校に行くことができません。
5　Eu .... entrar?　私は入ってもいいですか？

2 次の質問に対し、poder を活用させて答えましょう。

1　Você pode nadar hoje?　　　今日泳げますか？
　　... .　泳げません。
2　Posso usar o telefone?　　　電話を借りてもいいですか？
　　... .　いいですよ。
3　Podemos sair?　　　出かけてもいいですか？
　　... .　いいですよ。

　　答える時の主語が何になるかをよく考えて、poder を活用させましょう。

3 次の日本語をポルトガル語にしましょう。

1　トイレに行ってもいいですか？

2　彼らは出かけることができません。彼らは家で勉強しなければなりません。

3　（あなたは）このドアを開けてもらえますか？

　　2の「〜しなければならない」は第15課の ter que ＋動詞の不定詞を使いましょう。

第19課 あなたはどこに住んでいますか?

Onde você mora?

疑問詞を覚えて質問の幅を広げましょう。基本的に疑問詞は文頭に置かれます。

- como 「どのように？ どうやって？」
  Como você vai ao hospital?　あなたはどうやって病院に行きますか？
- onde 「どこ？」
  Onde você mora?　あなたはどこに住んでいますか？
- o que 「何？」
  O que você vai fazer amanhã?　あなたは明日、何をするつもりですか？
- qual 「何？（答えの範囲が決まっている場合）どれ？ どの？」
  Qual é o seu nome?　あなたの名前は何ですか？
- quem 「誰？」
  Quem é ele?　彼は誰ですか？
- quando 「いつ？」
  Quando é o seu aniversário?　あなたの誕生日はいつですか？
- por que 「なぜ？」（porqueは「なぜなら」）
  Por que você vai para Tóquio?　あなたはなぜ東京に行くのですか？
  Porque eu quero ir para Asakusa.　なぜなら浅草に行きたいからです。

- quanto / quanta / quantos / quantas 「いくつ？ どのくらい？」
  quantoは後ろに来る名詞に合わせて形容詞のように語尾が変化します。後ろに来る名詞は数えられるものの場合、複数形にします。

  Quantos livros você tem?　あなたは何冊の本を持っていますか？（男性名詞）
  Quantas fotos você vai tirar?　あなたは何枚の写真を撮りますか？（女性名詞）

また、疑問詞に前置詞が伴う場合は、前置詞は疑問詞の前に置かれます。

Com quem você mora?　あなたは誰と住んでいますか？
Para onde você parte?　あなたはどこへ出発しますか？

> 前置詞を伴う場合は疑問詞の前に置こう！

1 次の答えに合うような疑問詞を入れましょう。

1. .... você trabalha? Trabalho no banco.
   どこで働いていますか？　銀行で働いています。
2. .... você quer fazer? Quero jogar futebol.
   何をしたいですか？　サッカーをしたいです。
3. .... você estuda português? Porque quero ir para o Brasil.
   なぜポルトガル語を勉強していますか？　なぜならブラジルへ行きたいからです。
4. .... é seu namorado? Ele é bonito.
   あなたの恋人はどんな人ですか？　彼はかっこいいです。
5. .... é aquele homem? Ele é meu pai.
   あの男性は誰ですか？　彼は私の父です。
6. .... você vai ao hospital? Vou amanhã.
   いつ病院に行きますか？　明日行きます。
7. .... bebida você quer? Quero suco de laranja.
   どの飲み物が欲しいですか？　オレンジジュースが欲しいです。

> 疑問詞の後ろは基本的に「主語＋動詞」の順ですが、4や5のように動詞がserやestarの場合は主語と動詞の順番がひっくり返ることがあります。

2 カッコの中の単語を日本語に合うように並べ替えましょう。

1. あなたは明日どこへ行くつもりですか？
   (você / onde / para / amanhã / vai)
   .... ?
2. マリアは誰と旅行する予定ですか？
   (Maria / com / viajar / quem / vai)
   .... ?

3 疑問詞 quanto を適切な形に活用させ、次の日本語をポルトガル語にしましょう。

1. あなたは何時間勉強しますか？　（時間：hora）
   ....
2. あなたは何冊ノートを持っていますか？
   ....

> 時間やノートは数えられるので、複数形にしましょう。

第20課 あなたは今、何をしていますか?

O que você está fazendo agora?

現在進行中の動作を表す現在進行形の構文は**estar＋現在分詞**です。現在分詞の作りかたは動詞の原形の最後のrを取り、ndoをつけます。

◯現在分詞への変えかた
- -ar動詞：（例）falar　話す　→　fal**ando**
- -er動詞：（例）comer　食べる　→　com**endo**
- -ir動詞：（例）partir　出発する　→　part**indo**

現在分詞の作りかたの決まりに例外はないので、規則動詞、不規則動詞にかかわらず、この仕組みで変化します。

不規則動詞：（例）ir　行く　→　**indo**
　　　　　　　　　dormir　眠る　→　dorm**indo**

O que você **está fazendo** agora?　あなたは今、何をしていますか？
Eu **estou tocando** piano.　私はピアノを弾いています。
Nós **estamos estudando** inglês.　私たちは英語を勉強しています。
Meu filho **está dormindo**.　私の息子は眠っています。

> 現在進行形はestar＋現在分詞！

ポルトガル語での現在進行形は、「今まさに動作が進行しているところ」というニュアンスよりも広い意味合いで用いられるため、英語では普通、現在進行形にしないような動詞でも、ポルトガル語では現在進行形にして「今その状態・気持ちが進行しているところ」を表現することが多いです。

Eu **estou gostando** de Paulo.　私はパウロのことが好きです。
Eu **estou querendo** viajar para o Brasil.　私はブラジルへ旅行したいです。

1 カッコの中の動詞を現在分詞にしましょう。

1. Pedro está .... na piscina. (nadar)
   ペドロはプールで泳いでいます。
2. Ana está .... cerveja. (beber)
   アナはビールを飲んでいます。
3. Meus filhos estão .... à televisão. (assistir)
   私の息子たちはテレビを見ています。
4. Nós estamos .... para a universidade. (ir)
   私たちは大学に向かっています。
5. Eu estou .... piano. (tocar)
   私はピアノを弾いています。

> 3のassistirは「（テレビや映画を）見る」という動詞ですが、後ろに前置詞a をとります（televisão「テレビ」が女性名詞なので、前置詞aはàに変化）。

2 次の日本語を、現在進行形を用いたポルトガル語にしましょう。

1. 彼らは大学でサッカーをしています。

2. 私はシュハスコ（churrasco）を食べています。

3. 私の父は今、働いています。

4. 私たちはポルトガル語を勉強しています。

3 次の文を現在進行形に直しましょう。

1. Maria mora em Nagoia.　　マリアは名古屋に住んでいます。

2. Eu não posso sair agora.　　私は今、出かけることができません。

3. Nós precisamos de dinheiro.　　私たちはお金が必要です。

> 3つの文とも、英語では通常、現在進行形にはしない表現ですね。

100 以上の数字

第11課で100までの数字を見ていきましたが、ここでは100より大きい数字について紹介します。

【101から999まで】

100	cem, cento
200	duzentos / as
300	trezentos / as
400	quatrocentos / as
500	quinhentos / as
600	seiscentos / as
700	setecentos / as
800	oitocentos / as
900	novecentos / as

＊「/ as」の表記は、男性形の最後のosをasに変えることで女性形になることを表します。

100ちょうどはcemですが、一の位や十の位に数字が入ると100はcentoを用います。各桁の間にはeを入れます。

　101　cento e um
　102　cento e dois
　123　cento e vinte e três
　234　duzentos e trinta e quatro
　999　novecentos e noventa e nove

200から900には男性形と女性形があります。女性名詞のものを数える時には、女性形を使います。

　300冊の本　trezentos livros
　300軒の家　trezentas casas

【1000以上】

1000	mil
2000	dois mil
3000	três mil
10.000	dez mil
100.000	cem mil
1.000.000	um milhão
10.000.000	dez milhões
100.000.000	cem milhões

＊milは単複同形です。
＊ブラジルでは位取りはピリオド、小数点はコンマを用います。
　日本　　　1.5　　1,500
　ブラジル　1,5　　1.500

位取りのピリオドの位置にはeを入れず、コンマで区切ります。

　　1.579　　mil, quinhentos e setenta e nove
　　12.345　　doze mil, trezentos e quarenta e cinco

ただし、次のような場合には位取りの位置にeを入れます。

① 位取り以下の3桁の数字が一語の場合
　　　1.800　mil e oitocentos
　　　2.014　dois mil e quatorze

② 位取り以下の3桁の最初の桁が0の場合
　　　1.044　mil e quarenta e quatro
　　　2.021　dois mil e vinte e um

単語を増やそう（その2）

体に関する単語：corpo 男 体

cabeça 女 頭	cabelo 男 髪の毛	rosto 男 顔	testa 女 額
sobrancelha 女 眉毛	olho 男 目	nariz 男 鼻	orelha 女 耳
bochecha 女 頬	boca 女 口	dente 男 歯	língua 女 舌
lábio 男 唇	queixo 男 顎	pescoço 男 首	ombro 男 肩
peito 男 胸	braço 男 腕	cotovelo 男 ひじ	mão 女 手
dedo 男 指	unha 女 爪	barriga 女 腹	umbigo 男 へそ
cintura 女 腰	costas 女複 背中	nádegas 女複 尻	
perna 女 脚	joelho 男 ひざ	pé 男 足	

　perna「脚」は足の付け根から足首までの部分、pé「足」は足首から先のつま先までの部分を指します。

Paulo： Eu estou com muita dor de dente...
　　　　歯がとても痛いです…。
Maria： Você precisa ir logo ao dentista!
　　　　すぐ歯医者に行く必要がありますよ。

器官・病気に関する単語：órgão 男 器官、doença 女 病気

célebro 男 脳	pulmão 男 肺	coração 男 心臓	estômago 男 胃
fígado 男 肝臓	intestino 男 腸	sangue 男 血液	pele 女 肌
osso 男 骨	músculo 男 筋肉		
febre 女 熱	tosse 女 咳	coriza 女 鼻水	enjoo 男 吐き気
gripe 女 風邪	diarreia 女 下痢	anemia 女 貧血	
ressaca 女 二日酔い	fratura 女 骨折	queimadura 女 やけど	
alergia 女 アレルギー	dor 女 痛み	injeção 女 注射	
operação 女 手術	internação 女 入院	hospital 男 病院	

Kaori： Como está a doença de Pedro?
　　　　ペドロの病気はどうですか？
Maria： Ele tomou uma injeção no hospital e vai melhorar.
　　　　彼は病院で注射を打ってもらって、良くなるでしょう。
　　　　（melhorar　良くなる、回復に向かう）

家・住居に関する単語：casa 女 家、moradia 女 住居

sala 女 居間　　　　　　ar-condicionado 男 エアコン　　mesa 女 テーブル
cadeira 女 椅子　　　　　televisão 女 テレビ　　　　　　estante 女 棚
quarto 男 部屋　　　　　 cama 女 ベッド　　　　　　　　travesseiro 男 枕
lençol 男 シーツ　　　　　cobertor 男 毛布　　　　　　　relógio 男 時計
banheiro 男 トイレ・バス　chuveiro 男 シャワー　　　　　espelho 男 鏡
toalha 女 タオル　　sabonete 男 石鹸　　papel higiênico 男 トイレットペーパー
máquina de lavar roupa 女 洗濯機　　ferro de passar 男 アイロン
aspirador de pó 男 掃除機　　　　　　cesto do lixo 男 ごみ箱
cozinha 女 キッチン　　geladeira 女 冷蔵庫　　microondas 女複 電子レンジ
fogão 男 コンロ　　panela 女 鍋　　frigideira 女 フライパン　　pia 女 流し
corredor 男 廊下　　escada 女 階段　　jardim 男 庭
garagem 女 ガレージ　　porta 女 ドア　　janela 女 窓
chão 男 床　　　　teto 男 天井　　telhado 男 屋根　　varanda 女 ベランダ

Roberto： Você já terminou de limpar a cozinha?
　　　　　もうキッチンを掃除し終えましたか？
Paulo： 　Ainda não. Estou arrumando a geladeira.
　　　　　まだです。冷蔵庫を片付けているところです。
　　　　　（arrumar　片付ける、整頓する）

Maria： 　Ah, já acabou o papel higiênico.
　　　　　ああ、もうトイレットペーパーがなくなったわ。（acabar　終わる、尽きる）
　　　　　Tenho que ir ao supermercado para comprar.
　　　　　スーパーに買いに行かなきゃ。
Pedro： 　O sabonete também vai acabar logo.
　　　　　石鹸ももうすぐなくなりそうだよ。
　　　　　Pode comprar um?
　　　　　1個買ってきてもらえる？

第21課 私は毎日早く起きます

Eu me levanto cedo todos os dias.

目的語に「自分自身を」に相当する再帰代名詞seを伴う動詞を再帰動詞と言います。再帰動詞の原形は〜-seのように、ハイフンの後ろに再帰代名詞seがついています。再帰代名詞は主語が「私」「私たち」以外では単数も複数もseのままですが、「私」が主語の時はme、「私たち」が主語の時はnosに活用します。再帰代名詞を置く位置は、ブラジルのポルトガル語では通常、動詞の前に来ます。

○ **levantar-se**：起きる（自分自身を起こす）　　＊ levantar：起こす

Eu **me** levanto cedo.　　　　　　私は早く起きます。
Ele **se** levanta cedo.　　　　　　彼は早く起きます。
Nós **nos** levantamos cedo.　　　　私たちは早く起きます。
Meus irmãos não **se** levantam cedo.　私の弟たちは早く起きません。

また再帰代名詞は、主語が複数の場合は「互いに〜しあう」という意味もあります。

Nós **nos** conhecemos.　　私たちは知り合いです。
Eles **se** amam.　　　　　彼らは愛し合っています。

> 再帰代名詞は主語に合わせて活用させ、動詞の前に置く！

再帰動詞が動詞の不定詞として用いられる場合にも、主語に合わせて再帰代名詞を活用させ、動詞の前に置きましょう。進行形では再帰代名詞は現在分詞の前に置きます。

Eu vou **me** levantar cedo amanhã.　私は明日早く起きるつもりです。
Você quer **se** casar com Maria?　　あなたはマリアと結婚したいのですか？
Eu estou **me** trocando.　　　　　　私は着替え中です。

1 下線部に再帰代名詞を入れましょう。

1　Eu vou ＿＿＿＿＿＿ casar com Camila.
　　私はカミラと結婚する予定です。
2　Nós ＿＿＿＿＿＿ amamos.　私たちは愛し合っています。
3　Meus pais não ＿＿＿＿＿＿ deitam cedo.　私の両親は早く寝ません。
4　Ana vai ＿＿＿＿＿＿ formar no ano que vem.
　　アナは来年卒業する予定です。

　　否定語のnãoは、3のように再帰代名詞の前に置きます。

2 主語に合わせてカッコの中の再帰動詞を活用させましょう。

1　Paulo ＿＿＿＿＿＿＿＿＿＿ cedo todos os dias.（deitar-se）
　　パウロは毎日早く寝ます。
2　Eu ＿＿＿＿＿＿＿＿＿＿ no sofá.（sentar-se）
　　私はソファーに座ります。
3　Nós ＿＿＿＿＿＿＿＿＿＿ na universidade.（encontrar-se）
　　私たちは大学で会います。
4　Eles ＿＿＿＿＿＿＿＿＿＿ com o filho deles.（preocupar-se）
　　彼らは息子のことを心配しています。
5　Eu ＿＿＿＿＿＿＿＿＿＿ tarde todos os dias.（levantar-se）
　　私は毎日遅く起きます。

　　4はpreocupar-se com 〜で「〜のことを心配する」という表現です。

3 カッコの中の再帰動詞を使って、次の日本語をポルトガル語にしましょう。

1　彼は椅子に座ります。（sentar-se）　（椅子：cadeira）

2　私は早く寝る必要があります。（deitar-se）

3　私たちはマリアと会いたいです。（encontrar-se com 〜）

4　彼女はペドロと結婚しません。（casar-se com 〜）

第22課 私はいつも夜12時に寝ます

Eu sempre me deito à meia-noite.

時間表現では、hora(s)「〜時」が女性名詞なので時間の数字は女性形を、minuto(s)「〜分」が男性名詞なので分の数字は男性形を使います。12時間制の場合は「昼の12時」がmeio-dia、「夜の12時」はmeia-noiteを使います。また「半（30分）」はmeiaです。

🛟 時間は女性形、分は男性形！

Que horas são?	何時ですか？
É uma (hora).	1時です。
São duas e meia.	2時半です。
São três e quarenta.	3時40分です。
É meio-dia e quinze.	昼の12時15分です。

「〜です」にあたるのはserで、1時台やmeio-dia, meia-noiteは単数なのでé、それ以外はsãoを使います。

「〇時〇分に」の「〜に」には前置詞aを用います。ただし、前置詞の後ろに時間表現が来ると、時間表現に定冠詞をつけるという決まりがあるので、以下のような表現になります。

A que horas você sempre se deita?	あなたはいつも何時に寝ますか？
Eu me deito **às** onze horas.	私は11時に寝ます。
Eu me deito **à** meia-noite.	私は夜の12時に寝ます。 （meia-noiteは女性名詞）
Eu me deito **à** uma e meia.	私は1時半に寝ます。
Ele almoça **ao** meio-dia.	彼は昼の12時に昼食をとります。 （meio-diaは男性名詞） ＊aの定冠詞との縮合形は第17課参照。

🛟 「〇時に」の表現は前置詞のaを用いる！

1 下線部に時間表現を入れましょう。

1 .... 6時10分です。
2 .... 8時半です。
3 .... 昼の12時半です。
4 .... 夜の12時です。
5 .... 1時25分です。
6 .... 2時45分です。

hora(s)やminuto(s)は省略可です。またmeiaは12時間制でしか用いません。2の「8時半」が夜の場合、24時間制で表現する時はvinte e trintaになります。

2 カッコの中に前置詞aの定冠詞との縮合形を入れましょう。

1 Eu tomo café da manhã (　　　　) sete.　　私は7時に朝食をとります。
2 Paulo almoça (　　　　) meio-dia e cinquenta.
　パウロは昼の12時50分に昼食をとります。
3 Nós vamos (　　　　) uma e quinze.　　私たちは1時15分に行きます。
4 Eles jantam (　　　　) nove e meia.　　彼らは9時半に夕食をとります。
5 Ele vai chegar (　　　　) meia-noite.　　彼は夜の12時に到着する予定です。

tomar café da manhã「朝食をとる」、almoçar「昼食をとる」、jantar「夕食をとる」はセットで覚えましょう。

3 次の質問にポルトガル語で答えてみましょう。

1 A que horas você se levanta todos os dias?
　あなたは毎日何時に起きますか？

2 A que horas você normalmente almoça?
　あなたは普段、何時に昼食をとりますか？

3 A que horas você sempre se deita?
　あなたはいつも何時に寝ますか？

第23課 私は彼女のお母さんと面識があります

Eu conheço a mãe dela.

「知っている」という意味の動詞にはsaberとconhecerの2つがあります。

○ saberの活用

eu（私）	**sei**	nós（私たち）	**sabemos**
você（あなた） ele（彼） ela（彼女）	**sabe**	vocês（あなたたち） eles（彼ら） elas（彼女ら）	**sabem**

saberは「**知識や情報として知っている**」という意味です。「私」の活用が不規則です。目的語もとりますが、後ろに疑問詞で始まる文や、que（英語のthat節のthatにあたり「〜ということ」）でつないだ文が来ることが多いです。

Você **sabe** o endereço de Paulo?　あなたはパウロの住所を知っていますか？
Você **sabe** onde ele mora?　あなたは彼がどこに住んでいるか知っていますか？
Eu **sei** que ele mora em Osaka.　私は彼が大阪に住んでいることを知っています。

○ conhecerの活用

eu（私）	**conheço**	nós（私たち）	**conhecemos**
você（あなた） ele（彼） ela（彼女）	**conhece**	vocês（あなたたち） eles（彼ら） elas（彼女ら）	**conhecem**

conhecerは「**面識や経験を通じて知っている**」という意味です。ですので、経験的な意味合いで訳すことが多いです。規則動詞ですが発音とつづりを一致させるために、主語が「私」の場合、セヂーリャの記号をつけてconheçoと書きます。

Eu não **conheço** os Estados Unidos.　私はアメリカに行ったことがありません。
Você **conhece** esta música?　あなたはこの音楽を聴いたことがありますか？
Eu **conheço** a mãe dela.　私は彼女のお母さんと面識があります。

> **saberは知識や情報として、**
> **conhecerは経験を通じて「知っている」！**

1 主語に合わせてカッコの中の動詞を活用させましょう

1　Eu ＿＿＿＿＿＿ o namorado de Maria. (conhecer)
　　私はマリアの恋人と面識があります。
2　Eu ＿＿＿＿＿＿ que ele é brasileiro. (saber)
　　私は彼がブラジル人であることを知っています。
3　Nós não ＿＿＿＿＿＿ o que nossos pais estão fazendo. (saber)
　　私たちは両親が何をしているのか知りません。
4　Pedro ＿＿＿＿＿＿ o Japão? (conhecer)
　　ペドロは日本に行ったことがありますか？

2 saberかconhecerを選んで、下線部に活用した形を入れましょう。

1　Vocês ＿＿＿＿＿＿ o telefone de Ana?
　　あなたたちはアナの電話番号を知っていますか？
2　Você ＿＿＿＿＿＿ quem é ela?
　　あなたは彼女が誰か知っていますか？
3　Eu ＿＿＿＿＿＿ aquela mulher.
　　私はあの女性と面識があります。
4　Nós ＿＿＿＿＿＿ um restaurante bom.
　　私たちは良いレストランを知っています。
5　Eu ＿＿＿＿＿＿ sobre a história do Brasil.
　　私はブラジルの歴史について知っています。

　　文型や「知っている」の意味合いをよく考えましょう。5のsobreは英語の*about*にあたる「〜について」という意味の前置詞です。

3 次の日本語をポルトガル語にしましょう。

1　あなたはマリアが誰と住んでいるか知っていますか？

2　私は、彼女が踊るのが好きだということを知っています。

3　私はブラジルに行ってみたいです。(「行く」という経験を通じてブラジルを知りたい)

　　3は「行く」という動詞を使ってももちろん表現できますが、この課で勉強した内容を使って文を作ってみてください。

第24課 私はよく理解できません

Eu não consigo entender bem.

第18課で出てきたpoderは「状況的に可能」を意味する「～できる」という意味の動詞でしたが、前課のsaberも後ろに動詞の不定詞をとることで「知識や技術があって～できる」「～の仕方が分かる」という意味になります。

Eu **sei** falar português.　私はポルトガル語を話すことができます。
Você **sabe** ir ao banco?
あなたは銀行に行くことができますか？（行き方が分かりますか？）

conseguirは「努力して、なんとかして～できる」という意味です。主語が「私」の時の活用が不規則な不規則動詞です。poderやsaberと同様、後ろに動詞の不定詞が来ます。

○ conseguirの活用

eu（私）	consigo	nós（私たち）	conseguimos
você（あなた） ele（彼） ela（彼女）	consegue	vocês（あなたたち） eles（彼ら） elas（彼女ら）	conseguem

Eu não **consigo** fazer aquele trabalho.　私はあの仕事をすることができません。
Você **consegue** entender?　　　　　　　あなたは理解できますか？
Eu não **consigo** entender bem.　　　　　私はよく理解できません。

3つの動詞の意味合いを比較してみましょう。

Eu não **posso** nadar porque eu estou com febre.
熱があるので泳げません。（状況的）

Eu não **sei** nadar. Eu quero entrar para a escola de natação.
私は泳げません。スイミングスクールに入りたいです。（技術的）

Eu não **consigo** nadar porque é longe demais.
遠すぎて泳げません。（努力）

> poderは「状況的に可能」、saberは「知識、技術があって可能」、conseguirは「努力の結果、可能」を意味する！

1 主語に合わせて conseguir を活用させましょう。

1　Ele .... entender isso.　　彼はそれを理解できます。
2　Nós não .... comer tanto.　　私たちはこんなに食べられません。
3　Eu .... explicar isso.　　私はそれを説明できます。
4　Elas não .... fazer isso.
　　彼女らはそれをすることができません。

2 適切な動詞にマルをつけましょう。

1　Eu (posso / sei) dirigir.　　私は運転できます。
2　Você (sabe / pode) falar japonês?　　あなたは日本語を話せますか？
3　Meu pai (consegue / pode) ir ao banco amanhã.
　　私の父は明日、銀行へ行くことができます。
4　Não (posso / consigo) explicar bem.　　私はうまく説明できません。
5　Eles (podem / sabem) assistir à reunião.　　彼らは会議に出席できます。
6　Ele vai (poder / conseguir) passar na prova.
　　彼は試験に受かるでしょう。

> assistir は「(テレビや映画を) 見る」のほかに「出席する」という意味もあります。後ろに前置詞 a をとる動詞です。reunião「会議」が女性名詞なので à となります。6の「～に受かる」という表現は passar em ～で、定冠詞との縮合形により na となっています。

3 次の日本語をポルトガル語にしましょう。

1　私は明日早く起きるつもりですが、なかなか眠ることができません。

2　私はお金がないので、あの車を買うことができません。

> 1は「眠ろうと努力しているけど眠ることができない」という意味合いです。
> 2は「お金がないという状況なので買うことができない」という意味です。

第25課 あなたは何をしていますか？

O que você faz?

いくつかのよく使う不規則動詞を確認していきましょう。日常会話で頻出する動詞ほど不規則なものが多いので、しっかり活用を覚えましょう。

○ **fazer** の活用：fazer は「する」「作る」という意味の動詞です。

eu（私）	faço	nós（私たち）	fazemos
você（あなた） ele（彼） ela（彼女）	faz	vocês（あなたたち） eles（彼ら） elas（彼女ら）	fazem

Eu **faço** o jantar todos os dias.　私は毎日夕食を作ります。
Eles **fazem** compras no shopping.　彼らはショッピングセンターで買い物をします。
O que você **faz**?　あなたは何をしていますか？（職業のたずねかた）

○ **dar** の活用：dar は「与える」「あげる」という意味の動詞です。

eu（私）	dou	nós（私たち）	damos
você（あなた） ele（彼） ela（彼女）	dá	vocês（あなたたち） eles（彼ら） elas（彼女ら）	dão

Eu **dou** um presente para seu filho.　私はあなたの息子にプレゼントをあげます。
Você **dá** este livro para Maria?　あなたはマリアにこの本をあげますか？

○ **vir** の活用：vir は「来る」という意味の動詞です。

eu（私）	venho	nós（私たち）	vimos
você（あなた） ele（彼） ela（彼女）	vem	vocês（あなたたち） eles（彼ら） elas（彼女ら）	vêm

Eu **venho** para a universidade de carro.　私は車で大学に来ます。
Elas **vêm** de Nagoia.　彼女らは名古屋から来ます。

> 不規則動詞の活用はひとつひとつしっかり覚えよう！

1 主語に合わせてfazerを活用させましょう。

1. Vocês .... o almoço em casa?　あなたたちは家で昼食を作りますか？
2. Nós .... o dever de casa à noite.　私たちは夜に宿題をします。
3. Eu .... aniversário amanhã.　私は明日、誕生日を迎えます。
4. Minha mãe sempre .... faxina.　私の母はいつも掃除をしています。

2 主語に合わせてdarを活用させましょう。

1. Nós .... um livro para você.　私たちはあなたに本をあげます。
2. Eu .... comida para o cachorro.　私は犬に食べ物を与えます。
3. Paulo .... um trabalho para Ana.　パウロはアナに仕事を与えます。
4. Eles .... um presente de aniversário para o pai deles.
彼らは父親に誕生日プレゼントをあげます。

3 主語に合わせてvirを活用させましょう。

1. Eu sempre .... aqui.　私はいつもここに来ます。
2. Maria .... para o Japão.　マリアは日本に来ます。
3. Como vocês ....?　あなたたちはどうやって来ますか？
4. Nós .... de ônibus.　私たちはバスで来ます。

   virの「〜に来る」はirと同じく前置詞paraかaを用います。交通手段は前置詞deの後ろに乗り物の名詞を入れます（この時、乗り物の名詞には定冠詞をつけないので、前置詞はdeのままです）。

4 次の日本語をポルトガル語にしましょう。

1. ペドロは何をしていますか？　彼は先生です。

   ....

2. 彼女はどこから来ますか？　彼女はブラジルから来ます。

   ....

第26課 私は誰も知りません

Eu não conheço ninguém.

漠然としたものや否定を表す言葉を見てみましょう。algum/a と nenhum/a は不定形容詞で通常、名詞の前に置き、名詞の性数に一致させます。

何らかの	algum（男性形） alguma（女性形）	一つの（〜もない）	nenhum（男性形） nenhuma（女性形）
何か	algo （alguma coisa）	何も（〜ない）	nada
誰か	alguém （alguma pessoa）	誰も（〜ない）	ninguém （nenhuma pessoa）

Você tem **algum** livro sobre o Brasil?
あなたはブラジルに関する本を何か持っていますか？
Eu não tenho **nenhum** livro sobre o Brasil.
私はブラジルに関する本を何も持っていません。

Você sabe **algo** sobre Paulo?　あなたはパウロについて何か知っていますか？
Eu não sei **nada** sobre ele.　私は彼について何も知りません。
Alguém mora aí?　誰かそこに住んでいますか？
Ninguém mora aqui.　誰もここには住んでいません。

注意する点は、否定語は動詞の後ろに置かれる場合にはnãoを伴いますが、否定語が主語として使われる場合にはnãoを伴いません。

Eu **não** conheço **ninguém**.　私は誰も知りません。
Ninguém conhece Pedro.　誰もペドロを知りません。

> 🛟 **否定語を動詞の後ろに置く時はnãoを伴う！**

また algum / alguma の複数形 alguns / algumas は「いくらかの」という意味になります。

Eu tenho **alguns** amigos brasileiros.　私は何人かのブラジル人の友人がいます。
Tem **algumas** pessoas na piscina.　プールには何人かの人がいます。

1 日本語に合うように、下線部に否定語の単語を入れましょう。

1. Eu não quero ....　私は何も欲しくないです。
2. Eu não conheço .... do Brasil.
   私はブラジル出身の人を誰も知りません。
3. Eu não tenho .... ideia.　私は一つのアイデアもありません。
4. Eu não tenho .... amigo brasileiro.
   私はブラジル人の友人が一人もいません。

2 日本語に合うように、下線部に単語を入れましょう。

1. Você vai para .... lugar amanhã?
   あなたは明日どこかに行きますか？
2. Você quer .... bebida?　あなたは何か飲み物が欲しいですか？
3. Você conhece .... do Brasil?
   あなたはブラジル出身の人を誰か知っていますか？
4. Você vai comprar .... ?　あなたは何か買うつもりですか？
5. Eu tenho .... livros sobre o Brasil.
   私はブラジルについての本を何冊か持っています。
6. Eu quero comprar .... canetas.　私は何本かペンを買いたいです。

lugar は「場所」という意味の男性名詞です。

3 次の日本語をポルトガル語にしましょう。

1. マリアがいつブラジルに行くか誰も知りません。

2. 私は明日どこにも行きません。

3. 私はいくつか質問があります。　（質問：pergunta）

4. あなたは何か質問がありますか？

第27課 彼は車の中にいます

Ele está dentro do carro.

場所や時を表す前置詞句を覚えて、詳しい表現を言えるようにしましょう。

〜の上に	em cima de 〜	〜の下に	embaixo de 〜
〜の前に（場所）	em frente de 〜	〜の後ろに	atrás de 〜
〜の中に	dentro de 〜	〜の外に	fora de 〜
〜の近くに	perto de 〜	〜の遠くに	longe de 〜
〜の横に	ao lado de 〜	AとBの間に	entre A e B
〜の前に（時）	antes de 〜	〜の後で	depois de 〜

前置詞句の最後のdeは後ろの名詞に合わせて、定冠詞との縮合形になります。

Minha bolsa está **em cima da** cadeira.　私のバッグは椅子の上にあります。
A casa dele fica **perto da** estação.　彼の家は駅の近くにあります。
Ele está **dentro do** carro.　彼は車の中にいます。
Ele estuda **antes do** jantar.　彼は夕食の前に勉強します。
Eu vou jogar futebol **depois da** aula.
私は授業の後でサッカーをするつもりです。

また前置詞（句）の後ろに「私」が来る時は、euではなくmimを使います。ただし、前置詞comの後ろの場合はcomigoという一つの単語になるので注意しましょう。また、comの後ろに「私たち」が来る時もconoscoという一つの単語になります。

Pedro telefona para **mim**.　ペドロは私に電話します。
Ele está perto de **mim**.　彼は私の近くにいます。
Maria mora **comigo** / **conosco**.　マリアは私と／私たちと住んでいます。

🛟 **前置詞の後ろの「私」はmim。「私と」はcomigo！**

1 日本語に合うように、下線部に前置詞句を入れましょう（前置詞deは、名詞に合わせて適切な形にしましょう）。

1. O restaurante é .... banco.
   レストランは銀行の前にあります。
2. O banco é .... universidade.
   銀行は大学の横にあります。
3. Sua borracha está .... cadeira.
   あなたの消しゴムは椅子の下にあります。
4. Maria está .... mim.
   マリアは私の後ろにいます。
5. Nagoia fica .... Tóquio e Osaka.
   名古屋は東京と大阪の間にあります。
6. Eu estou .... casa.
   私は家の中にいます。
7. Tem muitos copos .... mesa.
   机の上にはたくさんのコップがあります。
8. Tem muitas lojas .... estação.
   駅の近くにはたくさんの店があります。
9. Ele toma café .... trabalho.
   彼は仕事前にコーヒーを飲みます。
10. Eu vou .... almoço.
    私は昼食後に行きます。

> ficarは「位置する」「（～に）ある」という意味の動詞です。6の「家」は「自宅」という意味合いです。なので、定冠詞は…？

2 次の日本語をポルトガル語にしましょう。

1. ブラジルは日本からとても遠くにあります。（ある：ficar）

   ....

2. 彼は授業の後で、私とポルトガル語を勉強するつもりです。

   ....

3. 私の後ろには誰もいません。

   ....

第28課 私は明日、あなたに電話します

Eu te telefono amanhã.

目的語には「直接目的語」(動詞の後ろに直接置く) と「間接目的語」(前置詞を伴って置く) があります。

Eu conheço **Paulo**.　　私はパウロを知っています。(直接目的語)
Eu telefono **para Paulo**.　　私はパウロに電話します。(間接目的語)

それぞれの目的格人称代名詞は次の表のようになります。

直接目的格人称代名詞		間接目的格人称代名詞	
私を	me	私に	me
あなたを	te	あなたに	te
彼を、それを (男・単) 彼女を、それを (女・単)	o a	彼に 彼女に	lhe
私たちを	nos	私たちに	nos
彼らを、それらを (男・複) 彼女らを、それらを (女・複)	os as	彼らに 彼女らに	lhes

この目的格人称代名詞は、ブラジルのポルトガル語では動詞の前に置かれます。上の2文を代名詞に置き換えて書き直すと、Eu **o** conheço. / Eu **lhe** telefono. となります。

Ela **me** leva para a universidade.　　彼女は私を大学に連れて行きます。
Ela **nos** escreve todas as semanas.　　彼女は私たちに毎週手紙を書きます。

> 🛟 目的格人称代名詞を置く位置は、動詞の前！

「動詞+動詞の不定詞」となる文型では、動詞の不定詞の前に目的格人称代名詞を置きます (直接目的格人称代名詞の3人称 o, a, os, as を除く)。

Eu vou **te** telefonar amanhã.　　私は明日、あなたに電話するつもりです。

1 カッコの中に目的格人称代名詞を入れましょう。

1. Pedro (　　) manda e-mail?　　ペドロはあなたにメールを送りますか？
2. Você (　　) visita?　　あなたは彼女を訪ねますか？
3. A professora vai (　　) convidar.　　先生は私たちを誘う予定です。
4. Pode (　　) ajudar?　　私を手伝ってくれませんか？
5. Ele não (　　) liga.　　彼は私に電話しません。
6. Eu vou (　　) escrever.　　私は彼女に手紙を書くつもりです。

ブラジルでは「電話する」はtelefonarのほかにligarもよく使われます。

2 下線部を目的格人称代名詞に置き換えて、文を書き直しましょう。

1. Maria ensina português para mim.　　マリアは私にポルトガル語を教えます。

2. Meus pais vendem a casa.　　私の両親は家を売ります。

3. Eu quero apresentar meu namorado para os amigos.
   私は友達に彼氏を紹介したいです。

4. Você conhece os irmãos de Paulo?　　あなたはパウロの弟たちを知っていますか？

3 次の日本語を、目的格人称代名詞を用いてポルトガル語にしましょう。

1. 彼は私たちを知っていますか？

2. （あなたは）私にメールを送ってもらえますか？

3. 私はあなたを愛しています。（愛する：amar）

第29課 私は昨日、先生と話しました

Eu falei com o professor ontem.

　今までは現在形を見てきましたが、この課からは過去の事柄をいうための時制を覚えましょう。ポルトガル語には完全過去形と不完全過去形という過去を表す表現が2つあり、ここでは完全過去形の活用を見ていきます。完全過去形は、過去のある時点ですでに完了している動作や状態を表す際に使います。規則動詞の活用は以下の通りです。太字になっている部分が主語に合わせて活用する活用語尾です。「私たち」が主語の時の完全過去形の活用は、現在形の活用と全く同じです。

○完全過去形の規則動詞の活用

	falar（-ar動詞）	beber（-er動詞）	abrir（-ir動詞）
eu	fal**ei**	beb**i**	abr**i**
você	fal**ou**	beb**eu**	abr**iu**
nós	fal**amos**	beb**emos**	abr**imos**
vocês	fal**aram**	beb**eram**	abr**iram**

Eu **falei** com o professor ontem.　　私は昨日、先生と話しました。
Você **bebeu** cerveja ontem à noite?　あなたは昨日の夜ビールを飲みましたか？
Nós **abrimos** uma loja no ano passado.　私たちは去年1軒の店を開きました。

> 完全過去形の活用語尾を覚えて、
> 過去の表現を言えるようにしましょう！

　また、動詞の活用は発音が優先するため、規則動詞でも音に合わせて「私」が主語の時の活用が不規則になるものもあります。

- -çarで終わる動詞（例：almoçar）
  Eu almo**c**ei ao meio-dia.　　私は正午に昼食をとりました。
- -carで終わる動詞（例：tocar）
  Eu to**qu**ei piano ontem.　　私は昨日ピアノを弾きました。
- -garで終わる動詞（例：chegar）
  Eu che**gu**ei em casa às sete.　　私は7時に家に着きました。

1 主語に合わせて、カッコの中の動詞を完全過去形に活用させましょう。

1. Eu _____ português ontem. (estudar)
   私は昨日ポルトガル語を勉強しました。
2. Maria _____ muitos livros no mês passado. (ler)
   マリアは先月たくさんの本を読みました。
3. Nós _____ churrasco na semana passada. (comer)
   私たちは先週シュハスコを食べました。
4. Pedro e Ana _____ para o Brasil há cinco dias. (partir)
   ペドロとアナは5日前にブラジルへ出発しました。
5. Eu _____ às onze ontem. (dormir)
   私は昨日11時に寝ました。
6. Meus pais _____ uma casa. (comprar)
   私の両親は家を買いました。
7. Ela _____ às cinco. (levantar-se)
   彼女は5時に起きました。
8. Nós _____ há duas horas. (jantar)
   私たちは2時間前に夕食をとりました。

> 2のler「読む」や5のdormir「眠る」は、現在形では不規則動詞ですが、完全過去形では規則動詞扱いです。また「〜前」という表現はhá〜を用いて表現します。

2 つづりに気を付けて、カッコの中の動詞を完全過去形に活用させましょう。

1. Eu _____ futebol na semana passada. (jogar)
   私は先週、サッカーをしました。
2. Eu _____ em casa ontem. (ficar)   私は昨日、家にいました。
3. Eu _____ a falar para ela. (começar)   私は彼女に話し始めました。

3 次の日本語をポルトガル語にしましょう。

1. 彼らは1時間前にここに着きました。

2. あなたは昨日何時に寝ましたか？

第30課 私は昨日、銀行に行きました

Eu fui ao banco ontem.

よく使う完全過去形の不規則動詞を見ていきましょう。serとirの完全過去形の活用は同じ形です。最後のver「見る」、dizer「言う」、trazer「持ってくる」の3つは今回初めて出てきた動詞ですが、完全過去形でよく使われるので、ぜひ覚えましょう。

○完全過去形の主な不規則動詞の活用

	ser（〜である）/ **ir**（行く）	**estar**（〜である）	**ter**（持っている）	**fazer**（する、作る）
eu	fui	estive	tive	fiz
você	foi	esteve	teve	fez
nós	fomos	estivemos	tivemos	fizemos
vocês	foram	estiveram	tiveram	fizeram
	poder（〜できる）	**querer**（欲しい）	**saber**（知っている）	**vir**（来る）
eu	pude	quis	soube	vim
você	pôde	quis	soube	veio
nós	pudemos	quisemos	soubemos	viemos
vocês	puderam	quiseram	souberam	vieram
	dar（与える）	**ver**（見る）	**dizer**（言う）	**trazer**（持ってくる）
eu	dei	vi	disse	trouxe
você	deu	viu	disse	trouxe
nós	demos	vimos	dissemos	trouxemos
vocês	deram	viram	disseram	trouxeram

Eu **fui** ao banco ontem. 　私は昨日、銀行に行きました。
Ele **veio** de Tóquio. 　彼は東京から来ました。
Paulo não me **disse** nada. 　パウロは私に何も言いませんでした。

> 完全過去形の不規則動詞も、活用を何度も繰り返し暗記して覚えましょう！

1 主語に合わせてカッコの中の動詞を完全過去形に活用させましょう。

1　Eles não .... partir ontem.（poder）
　　彼らは昨日、出発できませんでした。
2　O filme .... muito interessante.（ser）
　　その映画はとても面白かったです。
3　Eu .... ir à praia.（querer）　　私はビーチに行きたかったです。
4　Você .... alguém aqui?（ver）　　あなたはここで誰かを見ましたか？
5　Eu já .... isso para você.（dizer）
　　私はもうあなたにそれを言いました。
6　Você me .... o livro?（trazer）　　あなたは私に本を持ってきましたか？
7　Eu .... disso há pouco.（saber）　　私は少し前にそのことを知りました。
8　Nós .... no restaurante ontem.（estar）
　　私たちは昨日レストランに行きました。

estarを完全過去形にすると、「〜に行った」という意味合いになります。

2 次の日本語をポルトガル語にしましょう。

1　私は昨日働かなければなりませんでした。

2　あなたは昨日どこに行きましたか？

構文は現在形と同じで、動詞を完全過去形に直すだけです。

3 下線部の動詞を、完全過去形に直して書きましょう。

1　De onde elas vêm?　　彼女らはどこから来ますか？

2　Maria faz compras no shopping.
　　マリアはショッピングセンターで買い物をします。

3　Eu dou um presente para ele.　　私は彼にプレゼントをあげます。

現在形、完全過去形ともに、不規則動詞は活用をしっかり覚えましょう。

ポルトガルのポルトガル語とブラジルのポルトガル語

　イギリス英語とアメリカ英語が若干異なるように、同じポルトガル語でも、ブラジルのポルトガル語とポルトガルのポルトガル語（イベリアポルトガル語、ヨーロッパポルトガル語ともいう）では、文法や発音などでいくつか異なる点があります。ここでは簡単にポルトガルのポルトガル語について紹介します。

①動詞の活用

　本書では動詞の活用を、ブラジルで一般的に用いられる「1人称単数（私）／3人称単数（あなた、彼、彼女）／1人称複数（私たち）／3人称複数（あなたたち、彼ら、彼女ら）」の4つのみしか紹介していませんが、ポルトガルのポルトガル語ではこれに「2人称単数（君）／2人称複数（君たち）」を含めた6つの活用が使われます（ただし、2人称複数はあまり使われなくなってきているようです）。

　ブラジルでも北部や南部など一部の地域では2人称主格代名詞tu（君）、vós（君たち）を用いますが、動詞は3人称と同じ活用になることが多いです。また第28課で紹介した目的格人称代名詞のte（あなたを、あなたに）は、実際は2人称単数tuの目的格です。

②文法

　第20課で紹介した現在進行形ですが、ブラジルのポルトガル語ではestar＋現在分詞なのに対し、ポルトガルのポルトガル語ではestar a＋動詞の不定詞を用います。

　　ブラジル：　　Eu **estou estudando** português.
　　ポルトガル：　Eu **estou a estudar** português.
　　　　　　　　　私はポルトガル語を勉強しています。

　また、第21課で紹介した再帰代名詞や第28課の目的格人称代名詞も、ブラジルでは通常、動詞の前に来るのに対し、ポルトガルではハイフンをつけて動詞の後ろに来るのが一般的です（ブラジルでも書き言葉の場合、ハイフンをつけて動詞の後ろに来ることがあります）。

　　ブラジル：　　Eu **me levanto** cedo todos os dias.
　　ポルトガル：　Eu **levanto-me** cedo todos os dias.
　　　　　　　　　私は毎日早く起きます。

③発音

　ブラジルで話されているポルトガル語はかなりはっきりとした発音をするのに対し、ポルトガルで話されているポルトガル語では単語の語尾やアクセントのない母音をあいまいに発音するので、ブラジルの発音に慣れた人がポルトガルの発音を聞くと、非常に聞き取りづらく思えるかもしれません。

　音節末のsやzを「シュ」と発音したり（ブラジルでもリオデジャネイロや北部地域で、同様の発音が見られます）、diやtiが「ディ」や「ティ」に近い音になったり、語頭のrや語中のrrを巻き舌のようにしたりするので、音だけ聞くとブラジルとポルトガルでは異なる言語が話されているような印象を受けます…。

④単語

　ブラジルとポルトガルでは使われる単語が多少異なります。

	ブラジル	ポルトガル
電車	trem	comboio
バス	ônibus	autocarro
地下鉄	metrô	metro
トイレ	banheiro	casa de banho
ジュース	suco	sumo
朝食	café da manhã	pequeno almoço

　また、ブラジルとポルトガルで記号が異なるものもあります。

　　ブラジル　：econômico　　経済的な
　　ポルトガル：económico

　日本で出版されているポルトガル語の参考書は、ほとんどがブラジルのポルトガル語です。話者人口からしてもブラジルが約2億人なのに対し、ポルトガルは約1千万人。また在日ブラジル人も多く、日本ではあまりポルトガルのポルトガル語を聞く機会が少ないために、ポルトガル語というとどうしてもブラジルのポルトガル語がメインになってしまいます。ただ、せっかくポルトガル語を勉強しているからには、2つのポルトガル語の違いを知っておくと、いつかポルトガルに旅行する時などに役に立つかもしれません。

単語を増やそう（その3）

町に関する単語：cidade 女 町

escola 女 学校　　　　　universidade 女 大学　　　　banco 男 銀行
correio 男 郵便局　　　　estação 女 駅　　　　　　　hospital 男 病院
loja 女 店　　　　　　　loja de conveniência 女 コンビニエンスストア
supermercado 男 スーパーマーケット　　shopping 男 ショッピングセンター
restaurante 男 レストラン　　prefeitura 女 市役所　　biblioteca 女 図書館
igreja 女 教会　　　　　hotel 男 ホテル　　　　　　parque 男 公園
cinema 男 映画館　　　　museu 男 博物館
delegacia de polícia 女 警察署　　posto de bombeiros 男 消防署
aeroporto 男 空港　　　rodoviária 女 バスターミナル　　porto 男 港

Kaorî：Queria saber onde é a biblioteca.
　　　　図書館がどこにあるか知りたいのですが。
Maria：Fica ao lado da prefeitura.
　　　　市役所の横にありますよ。
　　　　Você sabe onde fica a prefeitura?
　　　　市役所がどこにあるか分かりますか？
Kaorî：Sei sim. Obrigada.
　　　　はい、分かります。ありがとうございます。

乗り物に関する単語：meio de transporte 男 乗り物、交通機関

carro 男 車　　　　　　ônibus 男 バス　　　　　　trem 男 電車
metrô 男 地下鉄　　　　motocicleta 女 バイク　　　bicicleta 女 自転車
táxi 男 タクシー　　　　avião 男 飛行機　　　　　navio 男 船

Ana：　Como você vem para a universidade?　大学へどうやって来るの？
Paulo：Eu sempre venho de bicicleta.
　　　　いつもは自転車で来ているよ。
　　　　Mas hoje vim a pé, porque estava chovendo.
　　　　だけど、今日は雨が降っていたから、歩いて来たよ。

　交通手段をポルトガル語で表現する時は、de + 乗り物（乗り物の名詞は無冠詞）を用いますが、「徒歩で、歩いて」は a pé と言います。

文房具に関する単語：artigos de escritório 男 複 文房具

lápis 男 鉛筆	apontador de lápis 男 鉛筆削り	caneta 女 ペン
borracha 女 消しゴム	lapiseira 女 シャープペンシル	grafite 男 替え芯
estojo 男 筆ばこ	caderno 男 ノート	régua 女 じょうぎ
tesoura 女 はさみ	cola 女 のり	grampeador 男 ホッチキス
estilete 女 カッターナイフ		fita adesiva 女 セロハンテープ
clipe 男 クリップ	calculadora 女 電卓	carimbo 男 はんこ

Professor： Você trouxe a tesoura e a cola hoje?
　　　　　　今日、はさみとのりを持ってきた？
Aluno： Puxa! Esqueci a tesoura na minha casa!
　　　　　うわっ、家にはさみを忘れてきちゃった！

衣服・身の回り品に関する単語：roupa 女 衣服、**acessórios** 男 複 身の回り品

camisa 女 シャツ	blusa 女 ブラウス	camiseta 女 Tシャツ
gravata 女 ネクタイ	saia 女 スカート	cinto 男 ベルト
calça 女 ズボン	calça jeans 女 ジーパン	meias 女 複 靴下
meia-calça 女 ストッキング	sapato 男 靴	tênis 男 スニーカー
sandália 女 サンダル	chinelo 男 ビーチサンダル	
chapéu 男 帽子	boné 男 キャップ	
óculos 男 複 めがね	relógio 男 時計	carteira 女 財布
celular 男 携帯電話	guarda-chuva 男 傘	
bolsa 女 バッグ	pasta 女 書類カバン	mochila 女 リュックサック
cigarro 男 たばこ	isqueiro 男 ライター	

Roberto： Paulo, é melhor você levar o guarda-chuva.
　　　　　　パウロ、傘を持って行った方がいいよ。
　　　　　Talvez chova depois do meio-dia hoje.
　　　　　　今日は正午から雨が降るかもしれないよ。
Paulo： Obrigado. Vou sair com este azul.
　　　　　ありがとう。この青いの持っていくよ。

第31課 私は一度もカイピリーニャを飲んだことがありません

Eu nunca bebi caipirinha.

完全過去形には、完了と経験を表す用法があります。英語ではこの2つは現在完了で表現しますが、ポルトガル語では完全過去形で表現するということに注意しましょう。

○完了表現

já「もう、すでに」やainda não「まだ〜ない」を用いて、「もう〜した」「まだ〜していない」という完了表現を表すことができます。

Você **já almoçou**?	あなたはもう昼食をとりましたか?
Eu **já almocei**.	私はもう昼食をとりました。
Eu **ainda não almocei**.	私はまだ昼食をとっていません。

○経験表現

jáやnunca「一度も〜ない」を用いて、「〜したことがある」「一度も〜したことがない」という経験表現を表すことができます。

Você **já bebeu** caipirinha?	あなたはカイピリーニャを飲んだことがありますか?
Eu **já bebi** caipirinha.	私はカイピリーニャを飲んだことがあります。
Eu **nunca bebi** caipirinha.	私は一度もカイピリーニャを飲んだことがありません。

> 🛟 ポルトガル語では、完了や経験は完全過去形で表す!

caipirinha「カイピリーニャ」
サトウキビの蒸留酒であるpinga「ピンガ」を使ったカクテル。飲みやすいけれど、アルコール度数が高いので、飲みすぎに注意。

1 カッコの中に単語を入れましょう。

1. Você (　　　　) terminou o trabalho?　あなたはもう仕事を終えましたか？
2. Eu (　　　　) (　　　　) terminei.　私はまだ終えていません。
3. Você (　　　　) esteve na China?
   あなたは中国に行ったことがありますか？
4. Eu (　　　　) estive.　私は一度もありません。

　　3のように、estarの完全過去形で経験を表す時は「行ったことがある」という意味合いになります。

2 次のポルトガル語を日本語にしましょう。

1. Ele nunca comeu churrasco.

2. Seus irmãos já partiram?

3. A aula ainda não começou.

4. Vocês já estiveram no Japão?

3 次の日本語をポルトガル語にしましょう。

1. 私は一度もブラジルに行ったことがありません。

2. 彼はもう眠りましたか？

3. マリアはまだここに来ていません。

4. あなたはこの本を読んだことがありますか？

　　1はestarでもirでも表現することができます。

第32課 私はポルトガル語を勉強して1年経ちます

Faz um ano que eu estudo português.

　前課で取り上げた「英語では現在完了を用いるが、ポルトガル語では現在完了を使わない」表現の他の例としては、「時間の経過表現」が挙げられます。

　時間の経過を表す表現としては、**Faz** 期間 **que**＋文という構文がよく用いられます。

　Faz um ano **que** eu estudo português.
　私はポルトガル語を勉強して1年経ちます。→私は1年間ポルトガル語を勉強しています。
　　　　　　　　　　　　　　　　　　　　（私は1年前からポルトガル語を勉強しています）

　Faz um ano **que** eu conheci Maria.
　私がマリアと知り合ってから1年経ちます。→私は1年前にマリアと知り合いました。

🛟 Faz＋期間で時間の経過を表す！

　期間が単数でも複数でも、動詞の形はfazerが活用したfazという形を使います。またfazの代わりに動詞haverが活用したháが使われることがあります。

　Faz um ano que eu estudo português.
　＝ **Há** um ano **que** eu estudo português.

　また、faz (há) ＋期間が文の後ろに来る場合もありますが、その時はqueでつなぐ必要はありません。

　Faz（**Há**）um ano **que** eu estudo português.
　＝ Eu estudo português **faz**（**há**）um ano.

1 日本語に合うように、期間の単語を入れましょう。

1. Faz _____ que ele mora no Japão.
   彼は日本に住んで10年経ちます。
2. Faz _____ que eu cheguei aqui.
   私は1時間前にここに着きました。
3. Faz _____ que Maria partiu.
   マリアは5日前に出発しました。
4. Faz _____ que Paulo estuda japonês.
   パウロは日本語を勉強して6か月経ちます。

   mês「月」は複数形のアクセント記号の有無に気をつけましょう。

2 次のポルトガル語を日本語にしましょう。

1. Faz muito tempo que nós não nos encontramos.

   ....

2. Faz duas semanas que eu visitei Paula.

   ....

3. Há quanto tempo que você estuda português?

   ....

   Há quanto tempo という表現は「久しぶり」という意味のあいさつでも使います。

3 次の日本語をポルトガル語にしましょう。

1. 私の両親は結婚して20年経ちます。

   ....

2. ペドロが日本に来てから3年経ちます。

   ....

3. あなたはここに住んで何年経ちますか？

   ....

第33課 私は子供の頃、ブラジルに住んでいました

Quando eu era criança, eu morava no Brasil.

ポルトガル語にはもう一つの過去形「不完全過去形」があります。不完全過去形は、過去において継続・進行していた動作や、過去の習慣・反復した動作、過去の様子の説明を表す時に用います。

○不完全過去形の活用・規則動詞

	falar（-ar動詞）	beber（-er動詞）	abrir（-ir動詞）
eu	fal**ava**	beb**ia**	abr**ia**
você	fal**ava**	beb**ia**	abr**ia**
nós	fal**ávamos**	beb**íamos**	abr**íamos**
vocês	fal**avam**	beb**iam**	abr**iam**

-er動詞と-ir動詞の活用は全く同じです。
また、不完全過去形の不規則動詞は以下の4つです。

○不完全過去形の活用・不規則動詞

	ser（～である）	ter（持っている）	vir（来る）	pôr（置く）
eu	era	tinha	vinha	punha
você	era	tinha	vinha	punha
nós	éramos	tínhamos	vínhamos	púnhamos
vocês	eram	tinham	vinham	punham

> **不完全過去形は、過去の継続した動作、過去の習慣を表す時に用いる！**

Enquanto ele **dormia**, eu **estudava**.　彼が眠っていた間、私は勉強していました。
Quando eu **era** criança, eu **gostava** de tocar piano.
私は子供の頃、ピアノを弾くのが好きでした。
Ontem o tempo **estava** muito bom.　昨日、天気はとても良かった。

1 主語に合わせて、カッコの中の動詞を不完全過去形に活用させましょう。

1　Antes eu .... muito.（comer）
以前、私はたくさん食べていました。

2　Antigamente nós .... futebol todos os dias.（jogar）
昔、私たちは毎日サッカーをしていました。

3　Antigamente meu pai .... muito.（fumar）
昔、私の父はたくさんタバコを吸っていました。

4　................... chovendo ontem à noite.（estar）
昨日の夜、雨が降っていました。

5　Antes elas .... cedo.（dormir）
昔、彼女らは早く眠っていました。

6　E elas .... tarde.（levantar-se）
そして彼女らは遅く起きていました。

4の天候表現は非人称表現なので、動詞は「あなた」の時の活用と同じです。

2 主語に合わせて、カッコの中の動詞を不完全過去形に活用させましょう。

1　Antigamente ele não .... carro.（ter）
昔、彼は車を持っていませんでした。

2　Antigamente nós .... felizes.（ser）　昔、私たちは幸せでした。

3　Meus amigos sempre .... à minha casa.（vir）
私の友人たちはいつも私の家に来ていました。

4　Eu .... os livros na estante.（pôr）　私は棚に本を置いていました。

ブラジルでは「置く」という意味の動詞はpôrの他にcolocarもよく使われます。colocarは規則動詞です。

3 次の日本語をポルトガル語にしましょう。

1　私は子供の頃、自転車で学校に行っていました。（自転車：bicicleta）

2　昔、あなたは何時に寝ていましたか？

3　私たちがテレビを見ていた間、母は夕食を作っていました。

3の「〜する間」はenquantoを用います。

第34課 あなたが私に電話した時、私は眠っていました

Quando você me ligou, eu dormia.

第29、30、31課で勉強した完全過去形と、第33課で勉強した不完全過去形の違いをもう一度確認してみましょう。

完全過去形	過去のある時点で完了した動作 過去の経験、事実
不完全過去形	過去のある時点で継続、進行していた動作 過去の習慣、反復した動作 過去の様子の説明

時間軸を図で書いた場合、完全過去形は「点で表せる過去」、不完全過去形は「線で表せる過去」となります。その違いを以下の例文で確かめてみましょう。

Quando você me ligou, eu dormia.　あなたが私に電話した時、私は眠っていました。

「電話した」という動作は点で表せるので、ligarが完全過去形で活用されるのに対し、その「電話した」時点で私は「眠っていた」と、「眠る」という動作が進行していたので、dormirは不完全過去形となります。
また、次の2つの文の違いを見てみましょう。

Eu fui à escola de ônibus ontem.　　　　私は昨日バスで学校に行きました。
Eu ia à escola de ônibus todos os dias.　私は毎日バスで学校に行っていました。

上の文は「昨日バスで行った」という一回限りの昨日完了した動作なので完全過去形を使いますが、下の文は「(過去に) 毎日バスで行っていた」という反復した動作なので、不完全過去形で表現します。

> 完全過去形は「点の過去」、不完全過去形は「線の過去」!

1 日本語に合うように、カッコの中の動詞を完全過去形か不完全過去形のどちらかで活用させましょう。

1. Ontem .... (estar) chovendo, por isso eu não .... (ir) à praia.
   昨日は雨が降っていたので、私は海に行きませんでした。
2. Quando eu .... (chegar) em casa, meus pais .... (jantar).
   私が家に着いた時、両親は夕食をとっていました。
3. Antes eu .... (jogar) futebol na escola todos os dias.
   私は以前、学校で毎日サッカーをしていました。
4. Você .... (jogar) futebol ontem?
   あなたは昨日サッカーをしましたか？
5. .... (ter) muitas pessoas na estação ontem.
   昨日、駅にたくさんの人がいました。

2 完全過去形と不完全過去形の違いに気を付けて、次のポルトガル語を日本語にしましょう。

1. Eu já estive na casa dele.

2. Eu estava na casa dele ontem.

3. Meu pai me deu um presente no meu aniversário.

4. Meu pai me dava um presente no meu aniversário todos os anos.

5. Eu gostei muito do filme.

6. Eu gostava muito do filme quando era criança.

gostar は完全過去形と不完全過去形で訳しかたが変わります。

第35課 パウロは私よりも背が高い

Paulo é mais alto do que eu.

形容詞の比較級を覚えましょう。比較級は3種類あります。形容詞の部分は主語に合わせて性数変化することに注意しましょう。

① 優等比較級「AはBより〜だ」

　　A ＋動詞＋ mais ＋形容詞＋(do) que ＋ B

　Paulo é **mais alto do que** eu.　　パウロは私よりも背が高い。
　Maria é **mais nova do que** eu.　　マリアは私よりも若い。

優等比較級には、特別な比較級の形を持つ形容詞があります。この場合は mais を使いません。

bom	→	melhor	より良い	grande	→	maior	より大きい
mau / ruim	→	pior	より悪い	pequeno	→	menor	より小さい

　A minha casa é **maior** do que a sua.　　私の家はあなたのより大きい。
　Estes carros são **melhores** do que aqueles.　　これらの車はあれより良い。

　　🛟 優等比較級では特別な比較級の形を持つ形容詞がある！

② 劣等比較級「AはBほど〜でない」

　　A ＋動詞＋ menos ＋形容詞＋(do) que ＋ B

　Este livro é **menos barato do que** aquele.　　この本はあれほど安くない。

③ 同等比較級「AはBと同じくらい〜だ」

　　A ＋動詞＋ tão ＋形容詞＋ quanto / como ＋ B

　Maria é **tão bonita quanto** Paula.　　マリアはパウラと同じくらいかわいい。

1 日本語に合うように、カッコの中の形容詞を用いて、下線部を埋めましょう（形容詞は場合に応じて性数変化や特別な比較級に変化させること）。

1. Este carro é _____ aquele.（caro）
   この車はあれよりも値段が高い。
2. Meus pais são _____ eu.（alto）
   私の両親は私ほど背が高くない。
3. Hoje está _____ ontem.（frio）
   今日は昨日と同じくらい寒い。
4. Sua cidade é _____ esta.（pequeno）
   あなたの町はこれよりも小さい。
5. O português é _____ o italiano.（difícil）
   ポルトガル語はイタリア語と同じくらい難しい。
6. Elas estão _____ você.（cansado）
   彼女たちはあなたほど疲れていません。
7. Os Estados Unidos são _____ o Brasil.（grande）
   アメリカ合衆国はブラジルよりも大きい。

　　　特別な形の比較級は男女同形です。

2 次の日本語をポルトガル語にしましょう。

1. 今日は昨日よりも暑い。（暑い：quente）

2. このペンはあれ（あのペン）ほど良くない。

3. 彼の家は私の（家）と同じくらい大きい。

4. これらの車はあれ（あの車）よりも安い。

　　　劣等比較級と同等比較級には特別な形の比較級は使わないので、構文通りの文になります。形容詞の性数には注意しましょう。

第36課 パウロは家族で最も背が高い

Paulo é o mais alto da família.

次は形容詞の最上級を覚えましょう。定冠詞と形容詞は主語に合わせて性数変化することに注意しましょう。

① **優等最上級「AはBの中で最も～だ」**

> A ＋動詞＋定冠詞＋ mais ＋形容詞＋ de ＋ B

Paulo é **o mais alto da** família.　パウロは家族で最も背が高い。
Maria é **a mais baixa da** classe.　マリアはクラスで最も背が低い。

特別な形の比較級を持つ形容詞は、優等最上級においてもその形を用います。

Este carro é **o melhor de** todos.　この車はすべての中で最も良い。
　　　　　　　　　　　　　　　　　（todos：すべて）

また定冠詞の後ろに名詞を持ってくることもできます。この場合、定冠詞と形容詞はその名詞の性数に合わせます。ただし、特別な比較級を持つ形容詞を使った最上級の場合は、名詞を置く位置は形容詞の後ろになります。

Ele é **o aluno mais alto** da escola.　彼は学校で最も背が高い生徒です。
Ele é **o melhor aluno** da escola.　彼は学校で最も良い生徒です。

② **劣等最上級「AはBの中で最も～でない」**

> A ＋動詞＋定冠詞＋ menos ＋形容詞＋ de ＋ B

Pedro é **o menos novo de** todos.　ペドロは全員の中で最も若くない。

劣等最上級には特別な形はなく、構文通りの形になります。

Este carro é **o menos grande de** todos.　この車はすべての中で最も大きくない。
Ele é **o aluno menos bom da** classe.　彼はクラスで最も良くない生徒です。

> 優等最上級は定冠詞＋mais＋形容詞＋de
> 劣等最上級は定冠詞＋menos＋形容詞＋de

1 日本語に合うように、カッコの中の形容詞を用いて、下線部を埋めましょう（形容詞は場合に応じて性数変化や特別な形に変化させること）。

1. Aquelas casas são _____ cidade. (bonito)
   あれらの家は町で最もきれいです。
2. Esses livros são _____ livraria. (barato)
   それらの本はこの本屋で最も安くない。
3. Meu pai é _____ família. (gordo)
   私の父は家族の中で最も太っている。
4. A Rússia é _____ mundo. (grande)
   ロシアは世界中で最も大きい国です。(国：país)
5. Eles são _____ classe. (bom)
   彼らはクラスの中で最も良い生徒です。
6. Aquele é _____ universidade. (famoso)
   あちらは大学で最も有名な先生です。
7. Minha namorada é _____ mundo. (bonito)
   私の彼女は世界中で最もかわいい女性だ。

> deと定冠詞、指示詞との縮合形にも注意しましょう。4～7のように、形容詞に名詞が伴う場合は、定冠詞や形容詞は主語ではなく、修飾する名詞の性数に合わせるので気をつけましょう。4のpaís「国」は男性名詞です。

2 次の日本語をポルトガル語にしましょう。

1. 富士山は日本で最も高い。(富士山：O Monte Fuji)

   _____

2. これは店で最も高いバッグです。(店：loja)

   _____

3. サンパウロはブラジルで最も大きい町です。(サンパウロ：São Paulo)

   _____

> 3の表現も上記の注意と同様に、定冠詞は修飾する名詞の性数に合わせます。

第37課 ここに住んでいる男の人は、私と一緒に働いています

O homem que mora aqui trabalha comigo.

関係代名詞は文と文をつなぐ役割があり、基本的にポルトガル語ではqueという関係代名詞を用います。

O homem trabalha comigo.　　その男の人は私と一緒に働いています。
O homem mora aqui.　　その男の人はここに住んでいます。

この2つの文をqueでつなぐと以下のようになります。

→ O homem **que** mora aqui trabalha comigo.
　　ここに住んでいる男の人は、私と一緒に働いています。

先行詞は物でも構いません。

A caneta está aqui.　　そのペンはここにあります。
Eu comprei a caneta ontem.　　私はそのペンを昨日買いました。
→ A caneta **que** eu comprei ontem está aqui.
　　昨日私が買ったペンは、ここにあります。

ただし、先行詞が人で前置詞を伴う場合は、関係代名詞quemを使います。前置詞は関係代名詞の前に置かれます。

A mulher é Maria.　　その女性はマリアです。
Eu falei com a mulher ao telefone.　　私は電話でその女性と話しました。
→ A mulher **com quem** eu falei ao telefone é Maria.
　　私が電話で話した女性は、マリアです。

先行詞が物で前置詞を伴う場合は、関係代名詞queで大丈夫ですが、その場合の前置詞は単音節の前置詞に限ります（a, de, em, com, por）。

Eu tenho o dinheiro **de que** você precisa.
私はあなたが必要としているお金を持っています。

> 文と文をつなぐ関係代名詞はque、
> 先行詞が人で前置詞を伴う場合には関係代名詞quemを！

1 カッコの中に関係代名詞 que か quem を入れましょう。

1. Este é o livro ( ) eu quero ler.　これは私が読みたい本です。
2. Ele é o ator de ( ) eu gosto.　彼は私が好きな俳優です。
3. Eu conheço a mulher ( ) trabalha naquela loja.
   私はあの店で働いている女性を知っています。
4. A casa em ( ) eu moro é perto daqui.
   私が住んでいる家はここから近くにあります。
5. O homem para ( ) eu liguei ontem mora no Brasil.
   昨日私が電話した男性は、ブラジルに住んでいます。

> 先行詞が人か物か、前置詞を伴っているかどうかを確認しましょう。4の daqui「ここから」は前置詞 de と aqui「ここに」が縮合した形です。

2 日本語に合うように、次の2つの文を1つの文にしましょう。

1. Aquela mulher é minha professora. / Aquela mulher está dançando ali.
   あそこで踊っているあの女性は私の先生です。

2. O ônibus ainda não chegou. / Eu vou pegar o ônibus.
   私が乗る予定のバスはまだ到着していません。

3. Eu não conheço o homem. / Você conversava com o homem.
   私はあなたがおしゃべりしていた男の人を知りません。

3 次の日本語に合うように、単語を並び替えましょう。

1. あなたは私が必要としている本を持っていますか？
   (o livro / preciso / que / tem / você / de)？

2. 彼女は私の友達が夢中になっている女優です。
   (meu amigo / a atriz / é / está / ela / apaixonado / quem / por)

第38課 私の弟は来年、先生になる予定です

Meu irmão será professor no ano que vem.

　現在未来形は、現在から見て未来の事柄を表現する際に使います。ただし、ブラジルでは会話においては、既に勉強した ir +動詞の不定詞（近接未来形）を使うことが多いです。

　現在未来形の活用は、今までの活用とは異なり、原形の後ろに主語に応じた活用語尾をつけます。活用語尾は -ar動詞、-er動詞、-ir動詞すべてに共通です。

○現在未来形の活用

	falar（-ar動詞）	beber（-er動詞）	abrir（-ir動詞）
eu	falarei	beberei	abrirei
você	falará	beberá	abrirá
nós	falaremos	beberemos	abriremos
vocês	falarão	beberão	abrirão

Eu **abrirei** este presente amanhã.　私はこのプレゼントを明日開ける予定です。
Ele **virá** aqui na semana que vem.　彼は来週ここに来る予定です。
Meu irmão **será** professor no ano que vem.　私の弟は来年、先生になる予定です。

> 現在未来形の活用は動詞の原形の後ろに
> **-ei, -á, -emos, -ão** をつける！

　不規則動詞は fazer, dizer, trazer の3つです。原形から ze を取り、その後ろに活用語尾をつけます。

```
fazer  する、作る ： farei    fará    faremos    farão
dizer  言う       ： direi    dirá    diremos    dirão
trazer 持ってくる ： trarei   trará   traremos   trarão
```

　ser の現在未来形を用いた構文 **Será que ＋文？**は「～だろうか？」という意味で、推量を表す表現としてよく用いられます。

Será que ele é brasileiro?　彼はブラジル人だろうか？
Será que amanhã vai chover?　明日は雨が降るだろうか？

1 主語に合わせてカッコの中の動詞を現在未来形に活用させましょう。

1. Eu _____ Paulo amanhã. (visitar) 　私は明日パウロを訪ねる予定です。
2. Nós _____ as comidas. (trazer) 　私たちは食べ物を持ってくる予定です。
3. Meu pai _____ o carro. (vender) 　私の父は車を売る予定です。
4. Ele não _____ nada. (dizer) 　彼は何も言わないでしょう。
5. No futuro _____ muitas lojas neste bairro. (ter)
   将来、この地区にはたくさんの店があるでしょう。
6. Elas _____ para o Brasil no ano que vem. (ir)
   彼女らは来年ブラジルに行く予定です。

　　　5の文は存在表現です。その時の動詞の活用は何だったでしょうか？

2 次の近接未来形の文（ir＋動詞の不定詞）を、現在未来形に変化させましょう。

1. Meu filho vai ser médico. 　　私の息子は医者になる予定です。

2. Eu vou fazer um bolo amanhã. 　私は明日ケーキを作る予定です。

3. Meus pais vão sair no domingo. 　私の両親は日曜日に出かける予定です。

3 Será que〜？の構文を使って、次の日本語をポルトガル語にしましょう。

1. マリアは日本語を話せるだろうか？

2. 彼女は眠っているだろうか？

3. ペドロは昨日、彼女に電話しただろうか？

第39課 彼は宿題をするつもりだと言いました

Ele disse que faria o dever de casa.

過去未来形は、過去のある時点から見て未来の事柄を表現する際に使います。ただし、その事柄は現在から見たら過去の事柄であり、もし現在から見ても未来のことであれば、現在未来形を使います。現在未来形と同様、過去未来形の活用は原形の後ろに、主語に応じて-ar動詞、-er動詞、-ir動詞に共通の活用語尾をつけます。

○過去未来形の活用

	falar（-ar動詞）	beber（-er動詞）	abrir（-ir動詞）
eu	falar**ia**	beber**ia**	abrir**ia**
você	falar**ia**	beber**ia**	abrir**ia**
nós	falar**íamos**	beber**íamos**	abrir**íamos**
vocês	falar**iam**	beber**iam**	abrir**iam**

Maria disse que **iria** ao banco hoje à tarde.
マリアは今日の午後、銀行へ行くつもりだと言いました。

> 過去未来形の活用は動詞の原形の後ろに
> -ia, -ia, -íamos, -iamをつける！

不規則動詞は現在未来形と同じく、fazer, dizer, trazerの3つです。原形からzeを取り、その後ろに活用語尾をつけます。

fazer： faria　　 faria　　 faríamos　 fariam
dizer： diria　　 diria　　 diríamos　 diriam
trazer： traria　 traria　 traríamos　trariam

Ele disse que **faria** o dever de casa.　彼は宿題をするつもりだと言いました。

また過去未来形は依頼や願望を丁寧に言う際に用いられます。一般的に、願望はquererを用いますが、この場合はgostarで表現します。

Poderia abrir a porta?　　　ドアを開けていただけるでしょうか。（依頼）
Gostaria de falar com Paulo.　パウロとお話ししたいのですが。（願望）

1 主語に合わせてカッコの中の動詞を過去未来形に活用させましょう。

1 Eu pensei que ela .... aqui. (vir)
  私は彼女がここに来ると思いました。

2 Nós achamos que Pedro .... a verdade. (dizer)
  私たちはペドロが真実を言うと思いました。

3 Eles disseram que .... à uma. (chegar)
  彼らは1時に着くだろうと言いました。

4 Nós prometemos que .... depois do almoço. (estudar)
  私たちは昼食後勉強すると約束しました。

5 Ele me disse que .... as comidas. (trazer)
  彼は食べ物を持ってくると私に言いました。

6 Eu prometi que .... um bolo gostoso. (fazer)
  私は美味しいケーキを作ると約束しました。

7 Camila .... às seis? (partir)
  カミラは6時に出発するでしょうか？

8 .... oito horas quando meu filho saiu? (ser)
  私の息子が出かけた時、8時だったでしょうか？

> 7と8は、過去未来形の用法の一つ「過去、現在、未来の事柄についての推量」です。現在未来形にも推量の意味合いがありますが、過去未来形の方が推量の程度が大きくなります。

2 次の日本語を丁寧な表現で表しましょう。

1 窓を閉めていただけるでしょうか。

2 この車を買いたいのですが。

3 明日私に電話していただけるでしょうか。

> 「現在形＜不完全過去形＜過去未来形」の順に、丁寧さや婉曲さの度合いが大きくなります。

第40課 私は最近マリアを見ていません

Eu não tenho visto Maria ultimamente.

　現在完了は、普段とは違う動作が過去のある時点から現在まで継続・繰り返されたりすることを表す時に用いられます。英語の現在完了の用法である「完了」「経験」は、ポルトガル語では完全過去形で表現するので注意しましょう。
　現在完了の構文は**ter**の現在形＋過去分詞です。過去分詞は-ar動詞の場合は原形の最後のarを取ってado、-er動詞、-ir動詞は原形の最後のer, irを取ってidoをつけます。

○過去分詞への変えかた

-ar動詞：（例）　falar　→　fal**ado**
-er動詞：（例）　comer　→　com**ido**
-ir動詞：（例）　partir　→　part**ido**

Eu não **tenho falado** com Paulo ultimamente.
最近私はパウロと話していません。

Ele **tem saído** antes das oito nos últimos dias.
彼はここ数日8時前に出かけています。

> 現在完了はterの現在形＋過去分詞で、過去のある時点から現在まで繰り返される普段とは違った動作を表す時に用いられる！

また不規則な過去分詞を持つ動詞もあります。

abrir	開ける	→ aberto	cobrir	覆う	→ coberto
descobrir	発見する	→ descoberto	dizer	言う	→ dito
escrever	書く	→ escrito	fazer	する・作る	→ feito
pôr	置く	→ posto	ver	見る	→ visto
vir	来る	→ vindo			

Eu não **tenho visto** Maria ultimamente.　私は最近マリアを見ていません。
Tem feito muito calor recentemente.　最近とても暑い。

> 過去分詞は-ar → -ado, -er → -ido, -ir → -idoに変化。不規則なものもあるので注意！

1 カッコの中の動詞を過去分詞にしましょう。

1. Tem .... muito desde ontem. (nevar)
   昨日から雪がたくさん降っています。
2. Eu não tenho .... futebol recentemente. (jogar)
   私は最近サッカーをしていません。
3. Você tem .... para sua mãe ultimamente? (escrever)
   あなたは最近、母親に手紙を書いていますか？
4. Meu filho tem .... bem nos últimos dias. (dormir)
   私の息子はここ数日よく眠っています。

   英語の *since* にあたる「〜から」は desde を使います。

2 カッコの中の動詞を過去分詞にして、現在完了に変化させましょう。

1. Você .... cerveja ultimamente? (beber)
   あなたは最近ビールを飲んでいますか？
2. Eu não .... à televisão nos últimos dias. (assistir)
   私はここ数日テレビを見ていません。
3. Nós .... até tarde recentemente. (trabalhar)
   私たちは最近、遅くまで働いています。
4. Pedro não .... aqui nos últimos meses. (vir)
   ペドロはここ数か月ここに来ていません。

3 次の日本語をポルトガル語にしましょう。

1. ここ数日雨がたくさん降っています。（雨が降る：chover）

2. あなたは最近何をしていますか？

3. 私は最近とても勉強しています。

ブラジル情報

　ここではブラジルのごく基本的な情報を紹介します（紙面の都合上、ほんの一部ですが…）。

● **正式名称：ブラジル連邦共和国（República Federativa do Brasil）**
　国の名前はパウ・ブラジルという樹木に由来します。ブラジルの漢字表記は「伯剌西爾」で、漢字一文字で「伯」と略されます。英語表記ではBrazilですが、ポルトガル語ではBrasilとつづるので注意！

● **首都：ブラジリア（Brasília）**
　1960年にリオデジャネイロから現在の首都ブラジリアへ遷都。当時の大統領ジュセリーノ・クビシェッキの指示により、41か月間という急ピッチでブラジル高原の未開の土地に建設された計画都市です。建築家ルシオ・コスタの設計で、飛行機が羽を広げた形で建設されています。また国会議事堂や大聖堂などの主要な建造物は、建築家オスカー・ニーマイヤーの設計によるもので、かなり未来的なデザインになっています。1987年には世界遺産登録をされています。

ブラジリアにある国会議事堂

● **面積：約851.5平方キロメートル（日本の約22.5倍）**
　世界で5番目に大きな国で、南米大陸の約半分の面積を占めています。エクアドルとチリ以外のすべての南米大陸にある国と国境を接しています。ブラジルの南北の長さは約4,400キロメートル、東西の幅は約4,300キロメートルと、ほぼ同じ距離になっています。

●人口：約1億9840万人（2012年）

　世界で5番目に多い人口。2013年の人口予測では2億人を突破しています。人口密度は1平方キロメートル当たり約23人（日本は約343人）。2010年における調査では、ブラジルの人種構成は、白人47.3％、混血43.1％、黒人7.6％、黄色人2.1％、先住民0.3％となっています。

●通貨単位：レアル（real）

　1994年よりブラジルの通貨単位はレアル（ポルトガル語では「ヘアウ」と発音）になりました。通貨記号の略称はR$です。レアルの補助単位としてセンターヴォ（centavo）があり、1レアル＝100センターヴォです。1レアルは約45円です（2014年4月現在）。

　紙幣は2、5、10、20、50、100レアル札、硬貨は1、5、10、25、50センターヴォ、1レアル硬貨があります。

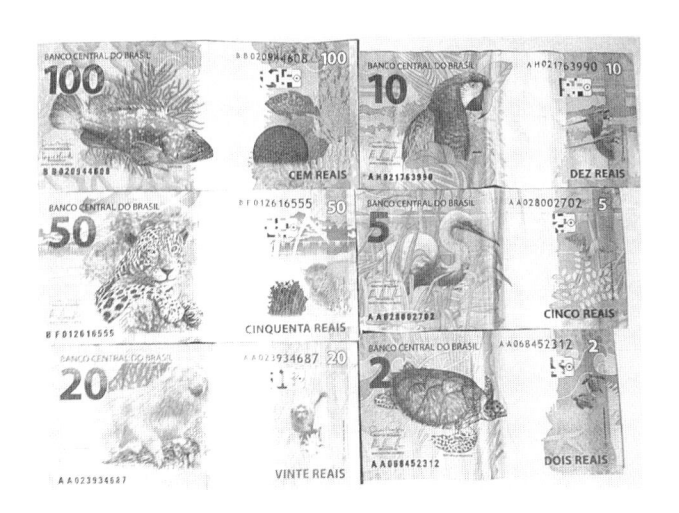

単語を増やそう（その４）

食べ物に関する単語：comida 女 食べ物

pão 男 パン　　　arroz 男 米　　　　　　massa 女 パスタ　　ovo 男 卵
feijão 男 豆　　　milho 男 とうもろこし　　queijo 男 チーズ
carne 女 肉　　　carne de boi 女 牛肉　　carne de porco 女 豚肉
frango 男 鶏肉　linguiça 女 ソーセージ　peixe 男 魚

verdura 女 野菜　　　batata 女 じゃがいも　　cebola 女 玉ねぎ
cenoura 女 にんじん　espinafre 男 ほうれんそう　repolho 男 キャベツ
alface 女 レタス　　　pepino 男 きゅうり　　beringela 女 なす
pimentão 男 ピーマン　alho 男 にんにく

fruta 女 果物　　　maçã 女 りんご　　laranja 女 オレンジ
abacaxi 男 パイナップル　morango 男 いちご　melão 男 メロン
melancia 女 すいか　uva 女 ぶどう　　pêssego 男 桃
mamão 男 パパイヤ　manga 女 マンゴー　limão 男 レモン

doce 男 お菓子　　　bolo 男 ケーキ　　chocolate 男 チョコレート
sorvete 男 アイスクリーム　bala 女 キャンディ　chiclete 男 ガム
biscoito 男 ビスケット　bolacha 女 クラッカー　pudim 男 プディング

tempero 男 調味料　　açúcar 男 砂糖　　sal 男 塩　　vinagre 男 酢
pimenta do reino 女 胡椒　molho inglês 男 ウスターソース
óleo 男 油　　　azeite de oliva 男 オリーブオイル

Pedro： De qual a fruta você gosta mais?
　　　　どのフルーツが一番好き？
Kaori： Eu gosto mais de manga.
　　　　私はマンゴーが一番好き。
　　　　A manga é cara demais no Japão.
　　　　マンゴーは日本では高すぎるのよ。
　　　　Por isso quero comer muitas aqui no Brasil!
　　　　だからここブラジルでたくさん食べたいの。

飲み物に関する単語：bebida 女 飲み物

água 女 水　　água com gás 女 炭酸入りの水　　água sem gás 女 炭酸なしの水
leite 男 牛乳　　café 男 コーヒー　　café com leite 男 カフェオレ
chá 男 茶　　chá preto 男 紅茶　　chá verde 男 緑茶
refrigerante 男 清涼飲料水　　coca 女 コーラ
suco 男 ジュース　　suco de laranja 男 オレンジジュース
cerveja 女 ビール　　chope 男 生ビール
vinho 男 ワイン　　vinho tinto 男 赤ワイン　　vinho branco 男 白ワイン
saquê 男 日本酒　　coquetel 男 カクテル

Kaori： Eu quero beber cerveja.
　　　　ビール飲みたいです。
Garçom：Em lata ou garrafa?
　　　　缶ですか、それとも瓶ですか？
Kaori： Em garrafa, por favor.
　　　　瓶をお願いします。

　beberは「飲む」という動詞ですが、冷たい飲み物やアルコール類に用います。広い意味で「飲む（摂取する）」という表現はtomarを使います。ブラジルではコーヒーは基本的にホットしかないのでtomar caféと表現します。「薬を飲む」という表現もtomar remédioですね。

食器類に関する単語：louça 女 食器

colher 女 スプーン　　garfo 男 フォーク　　faca 女 ナイフ
pauzinhos 男複 はし　　prato 男 皿　　tigela 女 お椀
copo 男 コップ　　xícara 女 カップ　　guardanapo 男 ナプキン

Ana： Faltam os pratos.
　　　お皿が足りないわ。
　　　Pedro, pode me passar três pratos?
　　　ペドロ、お皿を3枚取ってくれませんか？
Pedro：Pois não.
　　　いいですよ。

第41課 私が着いた時、すでに飛行機は出発していました

Quando eu cheguei, o avião já tinha partido.

過去完了は、過去のある時点よりもさらに過去に完了した動作や状態を表す時に用いられます。この用法は英語の過去完了と同じですね。

過去完了の構文は**ter**の**不完全過去形＋過去分詞**です。過去分詞の作りかたは第40課を参照してください。

Quando eu cheguei, o avião já **tinha partido**.
私が着いた時、すでに飛行機は出発していました。

Quando ele me telefonou, eu já **tinha saído** de casa.
彼が私に電話した時、私はすでに家を出ていました。

Nós fomos de trem porque **tínhamos vendido** o carro.
車を売ってしまったので、私たちは電車で行きました。

> 過去完了はterの不完全過去形＋過去分詞で、過去のある時点よりもさらに過去に完了した動作や状態を表す！

未来完了は、未来のある時点までに完了するであろう動作や状態を表す時に用いられます。この用法も英語と同様です。

未来完了の構文は**ter**の**現在未来形＋過去分詞**ですが、irの現在形＋terの不定詞＋過去分詞でも表すことができます。

Até o meio-dia, eu já **terei terminado** este trabalho.
(＝ Até o meio-dia, eu já vou ter terminado este trabalho.)
正午までには、私はこの仕事を終えているでしょう。

Daqui a dois dias, ele já **terá chegado** ao Brasil.
(＝ Daqui a dois dias, ele já vai ter chegado ao Brasil.)
2日後には、彼はブラジルに着いているでしょう。

> 未来完了はterの現在未来形＋過去分詞で、未来のある時点までに完了するであろう動作や状態を表す！

1 カッコの中の動詞を過去完了に変化させましょう。

1. Quando eu cheguei, Paulo já _____ embora. (ir)
   私が着いた時、パウロはすでに帰っていました。
2. Nós já _____ a casa que eles queriam. (comprar)
   私たちは彼らが欲しいと思っていた家をすでに買っていました。
3. Quando eles entraram na sala de aula, a aula já _____.
   (começar)
   彼らが教室に入ってきた時、授業はすでに始まっていました。
4. Ele não entendeu o meu e-mail porque eu não _____
   bem em português. (escrever)
   私は上手にポルトガル語で書かなかったので、彼は私のメールを理解しませんでした。

> 過去分詞が不規則なものに注意しましょう。1の ir embora は「立ち去る、帰る、行ってしまう」を表します。

2 カッコの中の動詞を未来完了に変化させましょう。

1. Até a segunda-feira, eu _____ a ideia. (esquecer)
   月曜日までには、私はその考えを忘れてしまっているでしょう。
2. Até as cinco horas, nós já _____ a Osaka. (chegar)
   5時までには、私たちは大阪に着いているでしょう。
3. Daqui a uma hora, meus pais _____ aqui. (vir)
   1時間後には、両親はここに来ているでしょう。

3 次のポルトガル語を日本語にしましょう。

1. Ela me trouxe o meu caderno que eu tinha esquecido na casa dela.
   _____
2. O filme foi mais interessante do que eu tinha pensado.
   _____
3. Até amanhã, eu terei feito o dever de casa.
   _____

> 1の trouxe は trazer「持ってくる」の完全過去形、esquecido は esquecer「忘れる」の過去分詞です。2の pensado は pensar「考える、思う」の過去分詞、3の feito は fazer「する」の過去分詞です。dever de casa で「宿題」の意味です。

第42課 このケーキは彼女によって作られました

Este bolo foi feito por ela.

行為を受ける対象が主語となる受動態の構文は **ser ＋過去分詞 ＋ por ＋行為者**です。受動態での過去分詞は、主語の性数に合わせて性数変化するので注意しましょう。また、前置詞 por は後ろに定冠詞が来ることで縮合形になります。

定冠詞	o	a	os	as
por の縮合形	pelo (por+o)	pela (por+a)	pelos (por+os)	pelas (por+as)

能動態：Paulo lava os pratos.　　　　　パウロは皿を洗います。
受動態：Os pratos **são lavados por** Paulo.　皿はパウロによって洗われます。

能動態：Ela fez este bolo.　　　　　彼女はこのケーキを作りました。
受動態：Este bolo **foi feito por** ela.　このケーキは彼女によって作られました。

能動態：O professor escreveu as cartas.　先生は手紙を書きました。
受動態：As cartas **foram escritas pelo** professor.
　　　　手紙は先生によって書かれました。

> 受動態は ser ＋過去分詞 ＋ por ＋行為者、受動態の過去分詞は主語に合わせて性数変化することに注意しよう！

また、動作が行われた結果生じる状態に注目する場合は、**estar ＋過去分詞**となります。この場合の過去分詞も、主語の性数に合わせて変化します。

O bolo **está feito**.　　　ケーキは作ってあります。（作られた状態です）
A porta **está fechada**.　ドアは閉まっています。（閉められた状態です）

1 カッコの中の動詞を、受動態における過去分詞にしましょう。

1　Esta empresa foi .... em 2000.（fundar）
　　この会社は2000年に設立されました。
2　O Brasil foi .... em 1500.（descobrir）
　　ブラジルは1500年に発見されました。
3　Aquelas casas são .... por Pedro.（vender）
　　あれらの家はペドロによって売られています。
4　Estes livros são .... no mundo todo.（ler）
　　これらの本は世界中で読まれています。

> 1の「2000年」はdois mil、2の「1500年」はmil e quinhentosと読みます。

2 次の能動態の文を受動態に書き直しましょう。

1　As meninas lavaram as roupas.　女の子たちは服を洗いました。

2　Eu faço o jantar todos os dias.　私は毎日、夕食を作ります。

3　Quem abriu esta janela?　誰がこの窓を開けたのですか？

> 2のように行為者が「私」の場合、前置詞porの後ろに置かれる時にはどんな単語に変化するか思い出しましょう。

3 次の受動態の文を能動態に書き直しましょう。

1　O carro foi consertado pelo pai dele.　車は彼の父によって修理されました。

2　O inglês é falado por muitas pessoas.　英語は多くの人によって話されます。

3　Este livro foi escrito por mim.　この本は私によって書かれました。

第43課 私は彼らが読むための本を買いました

Eu comprei um livro para eles lerem.

人称不定詞は、ポルトガル語特有の文法で、主文の動詞の主語と不定詞の主語が異なる時に用いられます。また主文の動詞が不定詞の主語と同じであっても、文意を明確化・強調したい時に用いられます。

- 主文の動詞と不定詞の主語が同じ
  Eu comprei um livro para **ler**.　私は（私が）読むための本を買いました。

- 主文の動詞と不定詞の主語が異なる
  Eu comprei um livro para eles **lerem**.　私は彼らが読むための本を買いました。

- 主文の動詞と不定詞の主語が同じだが、文意を明確にしたい場合
  Eles compraram um livro para **lerem**.
  彼らは（彼らが）読むための本を買いました。

人称不定詞の活用は、すべての動詞に共通で不規則なものはありません。不定詞の主語が単数の時は原形（不定詞）と同じ形になりますが、複数の時は原形の後ろに -mos（主語が「私たち」）、-em（主語が「あなたたち、彼ら、彼女ら」）をつけます。

○人称不定詞の活用

	falar（-ar動詞）	beber（-er動詞）	abrir（-ir動詞）
eu	falar	beber	abrir
você	falar	beber	abrir
nós	falar**mos**	beber**mos**	abrir**mos**
vocês	falar**em**	beber**em**	abrir**em**

É melhor você **tomar** este remédio.　　あなたはこの薬を飲んだ方がいい。
É melhor nós **tomarmos** este remédio.　私たちはこの薬を飲んだ方がいい。
É melhor eles **tomarem** este remédio.　彼らはこの薬を飲んだ方がいい。

> 主文の動詞と不定詞の主語が異なる場合や不定詞の主語を明確にしたい場合に人称不定詞を用いる！

1 不定詞の主語に合うように、カッコの中の動詞を人称不定詞に活用させましょう。

1　Ele vendeu o carro sem nós .... (saber)
　　彼は私たちが知らないうちに車を売りました。
2　Ele me ligou antes de eu .... (dormir)
　　彼は私が寝る前に私に電話をしました。
3　Vamos jantar, depois de as crianças .... (voltar)
　　子供たちが戻ってきた後、夕食をとりましょう。
4　É importante vocês .... muito. (trabalhar)
　　あなたたちがたくさん働くことは重要です。
5　Maria vai esperar até nós .... (terminar)
　　マリアは私たちが終わるまで待つつもりです。

> 2のeuは不定詞の主語のため、前置詞句の後ろに来ていてもmimには変化しません。3のasも同様で、その前にあるdeとは縮合しません。

2 次のポルトガル語を日本語にしましょう。

1　É bom vocês tomarem café da manhã todos os dias.

2　Eu trouxe muitas cervejas para nós bebermos.

3　O professor explica até os alunos entenderem.

> 1はtomar café da manhã「朝食をとる」、3はexplicar「説明する」、entender「理解する」です。

3 次の日本語をポルトガル語にしましょう。

1　彼らがポルトガル語を勉強することは重要です。

2　あなたたちがここに来る前に、私は家に帰りました。（家に帰る：voltar para casa）

第44課 私の両親は私にもっと勉強してほしいと思っています

Meus pais querem que eu estude mais.

今まで見てきた動詞の形は「直説法」といい、その事柄を事実として客観的に述べる表現です。そしてポルトガル語には「接続法」という、その事柄を仮定・希望・想像・疑問など、心の中で考えたこととして主観的に述べる形があります。日本語や英語にはない文法事項なので、しっかり覚えましょう。

接続法は心理状態を主観的に表現する動詞の形！

接続法現在形は、直説法現在形の「私」の活用語尾 o を取った形に、以下のような活用語尾をつけて作ります。

	falar（-ar動詞）	beber（-er動詞）	vir（-ir動詞）
直説法現在 eu	falo → fal（語幹）	bebo → beb（語幹）	venho → venh（語幹）
eu	fale	beba	venha
você	fale	beba	venha
nós	falemos	bebamos	venhamos
vocês	falem	bebam	venham

vir「来る」のように、直説法現在形の「私」の時の活用が不規則な場合でも同じルールで作ります。接続法現在形が不規則な動詞は、以下の7つです。

ser	～である	: seja	seja	sejamos	sejam
estar	～である	: esteja	esteja	estejamos	estejam
haver	存在する	: haja	haja	hajamos	hajam
ir	行く	: vá	vá	vamos	vão
dar	与える	: dê	dê	demos	deem
querer	欲しい	: queira	queira	queiramos	queiram
saber	知っている	: saiba	saiba	saibamos	saibam

Meus pais querem que eu **estude** mais.
私の両親は私にもっと勉強してほしいと思っています。

Eu não acho que ela **saiba**. 　私は彼女が知っているとは思いません。

1 主語に合わせて、カッコの中の動詞を接続法現在形に活用させましょう。

1. Eu quero que meus filhos .... muito.（estudar）
   私は息子たちにたくさん勉強してほしいと思っています。
2. Meus pais esperam que eu .... com ele.（casar-se）
   私の両親は私が彼と結婚することを期待しています。
3. Eu desejo que você .... muito feliz.（estar）
   私はあなたがとても幸せであることを願います。
4. Eu duvido que ele .... muito dinheiro.（ter）
   私は彼がたくさんのお金を持っていることを疑います。
5. Nós não acreditamos que Pedro .... isso.（fazer）
   私たちはペドロがそれをするとは信じません。
6. Ela vai pedir que nós ....（ajudar）
   彼女は私たちに手伝うよう頼むつもりです。
7. O professor sempre manda que nós .... as janelas.（abrir）
   先生はいつも私たちに窓を開けるように命じます。
8. Nós lamentamos que Paulo não .... vir aqui.（poder）
   私たちはパウロがここに来ることができないのを残念に思います。

> 1〜8の表現は、主動詞が意志・感情・疑問・不確実を表す動詞なので、que以下の従属節の動詞が接続法になります。

2 日本語に合うように、文をポルトガル語にしましょう。

1. Eu quero que ....
   私は彼に私と一緒にブラジルに行ってほしいと思います。
2. Eu quero que ....
   私は彼らにたくさん食べてほしいと思います。
3. Eu quero que ....
   私はあなたに私の家の近くに住んでほしいと思います。

> 1の「私と一緒に」はcomigo、3の「〜の近くに」はperto de 〜です。

第45課 ポルトガル語を話す人を誰か知っていますか？

Você conhece alguém que fale português?

第44課で活用を確認した、接続法の用法を見ていきましょう。

◯ **名詞節における接続法の用法：**

- 主動詞が意志・感情・不確実などを表すときの、従属節の動詞
  Eu quero que você **venha** aqui.　私はあなたにここに来てほしいと思っています。
  Eu duvido que ele **seja** casado.　私は彼が既婚者であることを疑います。
- 主節が感情・意志・否定・疑問などを表す非人称表現の、主語となる従属節の動詞
  É bom que você **estude** muito.　あなたはたくさん勉強すると良いです。
  É uma pena que eles não **possam** sair.
  彼らが出かけることができないのは残念です。

◯ **副詞節における接続法の用法：**

条件・譲歩・目的方法・時を表すような接続詞（句）が作る副詞節の動詞
Ele não vai passar na prova a menos que **estude** mais.
もっと勉強しない限り、彼は試験に合格しないでしょう。

Eu vou para a praia embora o tempo **esteja** ruim.
天気が悪くても私は海に行きます。

Eu vou falar devagar para que vocês **possam** compreender.
あなたたちが理解できるように、私はゆっくり話します。

Vamos almoçar logo que você **termine** o trabalho.
あなたが仕事を終えたらすぐに、昼食をとりましょう。

◯ **形容詞節における接続法の用法：**

先行詞が不特定の漠然とした内容を持つときの、関係代名詞で導かれる形容詞節の動詞

Você conhece alguém que **fale** português?
あなたはポルトガル語を話す人を誰か知っていますか？

Não tem nada que você **queira**.　あなたが欲しいようなものは何もありません。
Eu quero comprar uma casa que **tenha** três quartos.
私は部屋が3つあるような家が買いたいです。

接続法のさまざまな用法を覚えましょう！

1 主語に合わせて、カッコの中の動詞を接続法現在形に活用させましょう。

1. É melhor que você .... mais água.（beber）
   あなたはもっと水を飲んだ方がいいです。
2. É importante que vocês .... português.（aprender）
   あなたたちがポルトガル語を学ぶことは重要です。
3. É necessário que nós .... faxina todos os dias.（fazer）
   私たちは毎日掃除をすることが必要です。
4. Pode ser que eu te .... amanhã.（telefonar）
   私は明日あなたに電話するかもしれません。
5. Basta que você .... feliz.（estar）
   あなたが幸せであれば十分です。

2 次のポルトガル語を日本語にしましょう。

1. Aqui não tem ninguém que saiba dirigir.

2. Eu estou procurando uma pessoa que me ajude.

3. Você conhece algum hotel que seja barato?

> 1のdirigirは「運転する」、2のprocurandoはprocurar「探す」の現在分詞、3のbaratoは「安い」という形容詞です

3 次の日本語をポルトガル語にしましょう。

1. あなたが早く起きるのであれば、私たちはあなたと一緒に出発します。
   （～であるならば：desde que）

2. あなたが好まなくても、私はあの家を買いたいです。（～であっても：embora）

3. 私の息子たちが家に帰るまでは、私は働くつもりです。（～まで：até que）

> 2の「～であっても」はemboraの他にainda que, mesmo que, nem que, por mais queという表現があります。

第46課 どうか明日雨が降りませんように!

Tomara que não chova amanhã.

第45課で見たように、接続法は従属節に用いられることが多いですが、独立文でも使われることがあります。

願望や祈願を表す間投詞Tomara que「どうか～でありますように」を用いた独立文では、現時点における不確実な要素を表すため、que以下に来る動詞は、接続法になります。

Tomara que não **chova** amanhã!	どうか明日雨が降りませんように!
Tomara que você **melhore** logo!	どうかあなたがすぐ良くなりますように!
Tomara que ele **passe** na prova!	どうか彼が試験に受かりますように!

また、talvez「たぶん、～かもしれない」という副詞が動詞の前にある時も同様に、不確実や疑いを表すため、talvezの後ろに来る動詞は接続法になります。

Talvez ele não **venha** aqui.	彼はここに来ないかもしれません。
Isso talvez **seja** verdade.	それは真実かもしれません。

ただし、talvezが動詞の後ろに来る場合は、その動詞は直説法になるので注意しましょう。

Ele **está** em casa talvez sozinho.　彼は家にいて一人でいるかもしれません。

動詞の後ろにtalvezが来る場合。「一人でいる」のかどうかが不確実であって、「家にいる」のは事実であるため、estarは直説法になります。

> 願望や祈願を表す**Tomara que**、不確実や疑いを表す**talvez**の後ろに来る動詞は接続法に!

1 主語に合わせて、カッコの中の動詞を接続法現在形に活用させましょう。

1. Tomara que amanhã .... ! (nevar)
   どうか明日雪が降りますように！
2. Tomara que nós .... muito dinheiro! (ganhar)
   どうか私たちがたくさんのお金を稼ぎますように！
3. Tomara que ele .... de mim! (gostar)
   どうか彼が私のことを好きでありますように！
4. Talvez Paulo e Maria não .... disso. (saber)
   パウロとマリアはそのことを知らないかもしれません。
5. Minha mãe talvez .... um bolo no meu aniversário. (fazer)
   私の母は私の誕生日にケーキを作るかもしれません。

2 次のポルトガル語を日本語にしましょう。

1. Tomara que não tenha aula amanhã!

2. Talvez meus pais comprem uma casa nova.

3. Eu talvez não vá para a universidade amanhã.

> 1のaulaは「授業」、3のuniversidadeは「大学」です。

3 次の日本語をポルトガル語にしましょう。

1. どうか彼女が私の誕生日に私にプレゼントをくれますように。

2. どうかあなたたちが幸せでありますように。

3. 私は明日1時に出発するかもしれません。

> 3は、Talvezを文頭に置いて、文を作ってみましょう。

第47課 静かにしなさい！

Faça silêncio!

ブラジルのポルトガル語では、命令表現は接続法現在形を使います。相手が単数の場合は「あなた」が主語の時の活用、相手が複数の場合は「あなたたち」が主語の時の活用を用います。

Faça silêncio!　　　静かにしなさい！（相手が単数の場合）
Façam silêncio!　　静かにしなさい！（相手が複数の場合）
Coma muito!　　　たくさん食べなさい！（相手が単数の場合）
Comam muito!　　たくさん食べなさい！（相手が複数の場合）

否定の命令は動詞の前にnãoをつけます。

Não faça isso!　　　そんなことをしないでください！（相手が単数の場合）
Não façam isso!　　そんなことをしないでください！（相手が複数の場合）

命令表現は接続法現在形で！

文の最初か最後にpor favorをつけると、英語の*please*にあたる「どうか〜してください」という表現になります。

Por favor, faça silêncio! / Faça silêncio, **por favor**!
どうか静かにしてください。

また接続法現在形で「私たち」が主語の時の活用を用いると、「〜しましょう」という勧誘の表現になりますが、一般的には第17課で見たようなVamos＋動詞の不定詞で表現します。

Cantemos juntos!（Vamos cantar juntos!）　一緒に歌いましょう！

1 カッコの中の動詞を命令表現にしましょう。

1. .... os olhos! (fechar) 　目を閉じなさい！（相手複数）
2. .... essa porta! (empurrar) 　そのドアを押しなさい！（相手単数）
3. .... às perguntas! (responder) 　質問に答えなさい！（相手複数）
4. .... sempre! (voltar) 　いつでも戻ってきなさい！（相手単数）
5. .... o jantar! (preparar) 　夕食を準備しましょう！
6. .... à televisão! (assistir) 　テレビを見ましょう！

2 カッコの中の動詞を、相手が単数における命令表現にしましょう。

1. Não .... lixo no chão! (jogar) 　床にごみを捨てないでください！
2. Não .... triste! (ficar) 　悲しくならないでください！
3. Não .... sem licença! (começar) 　許可なく始めないでください！

　ここで取り上げている動詞は、発音に合わせるために接続法現在形のつづりが変化するものです。これらの動詞は直説法完全過去形でも同じようなつづりの変化が生じたものなので、発音に合わせてどうつづるのかをよく考えて答えましょう。

3 次の日本語をポルトガル語にしましょう。

1. あの窓を開けなさい！（相手複数）

2. あなたの名前を書きなさい！（相手単数）

3. たばこを吸わないでください！（相手複数）

4. ポルトガル語を勉強しましょう！

　「窓」はjanela、「名前」はnome、「たばこを吸う」はfumarです。

第48課 もし私が金持ちなら、この家を買うのだが

Se eu fosse rico, eu compraria esta casa.

接続法不完全過去形は、直説法完全過去形で「あなたたち」が主語の活用語尾 ram を取った形に、以下のような活用語尾をつけて作ります。活用語尾は全動詞共通です。「私たち」が主語の時の活用には語幹にアクセント記号がつきます。

	falar (-ar動詞)	beber (-er動詞)	partir (-ir動詞)
完全過去形 vocês	falaram → fala (語幹)	beberam → bebe (語幹)	partiram → parti (語幹)
eu	falasse	bebesse	partisse
você	falasse	bebesse	partisse
nós	falássemos	bebêssemos	partíssemos
vocês	falassem	bebessem	partissem

完全過去形が不規則な動詞の場合でも、作りかたの規則は同じです。
ir 行く　fosse　fosse　fôssemos　fossem (完全過去形の活用 vocês foram)

主動詞が完全過去形・不完全過去形・過去未来形で、従属節にて未来の事柄を述べる場合には、従属節の動詞は接続法不完全過去形を用います。

Eu queria que você **estudasse** português.
私はあなたにポルトガル語を勉強してほしいと思っていました。

また、現在の事実に反する仮定文の条件節の動詞は接続法不完全過去形です。この帰結節は、第39課で学んだ過去未来形を用います。

Se eu **fosse** um pássaro, eu poderia voar.　もし私が鳥なら、飛ぶことができるのに。

そのほか、**como se ＋接続法不完全過去形**で、「あたかも（まるで）〜であるかのように」という現在の事実に反する比喩を表現するのに使われます。

Ela fala **como se fosse** atriz.　彼女はまるで女優であるかのように話します。

> 接続法不完全過去形は現在の事実に反する仮定文の条件節や比喩で用いる！

1 主語に合わせて、カッコの中の動詞を接続法不完全過去形に活用させましょう。

1. Eu queria que meus filhos _____ muito. (estudar)
   私は息子たちにたくさん勉強してほしいと思っていました。
2. Meus pais esperavam que eu _____ com ele. (casar-se)
   私の両親は私が彼と結婚することを期待していました。
3. Eu desejava que você _____ muito feliz. (estar)
   私はあなたがとても幸せであることを願っていました。
4. Eu duvidei que ele _____ muito dinheiro. (ter)
   私は彼がたくさんのお金を持っていることを疑いました。
5. Nós não acreditamos que Pedro _____ isso. (fazer)
   私たちはペドロがそれをするとは信じませんでした。
6. Ela pediu que nós _____ . (ajudar)
   彼女は私たちに手伝うよう頼みました。
7. O professor mandou que nós _____ as janelas. (abrir)
   先生は私たちに窓を開けるように命じました。
8. Nós lamentamos que Paulo não _____ vir aqui. (poder)
   私たちはパウロがここに来ることができないのを残念に思いました。

第44課の問題の主動詞が過去になったものなので、従属節の動詞を接続法不完全過去形にします。

2 日本語に合うように、次の文をポルトガル語にしましょう。

1. _____ , eu compraria um carro novo.
   もし私がお金を持っていれば、新しい車を買うのに。
2. _____ , nós poderíamos nos encontrar todos os dias.
   もしあなたが近くに住んでいたら、毎日会えるのに。(近くに：perto)
3. Ela anda _____ .
   彼女はまるで踊っているかのように歩きます。(踊る：dançar)

第49課 先生は生徒たちにもっと勉強していてほしかった

A professora queria que os alunos tivessem estudado mais.

接続法過去完了形は ter（あるいは haver）の接続法不完全過去形＋過去分詞の形です。ter の接続法不完全過去形の活用は tivesse, tivesse, tivéssemos, tivessem です。

主動詞が直説法のいずれかの過去で、従属節がそれよりも以前に完了した動作や状態を指す時には、従属節の動詞は接続法過去完了形を使います。

A professora queria que os alunos **tivessem estudado** mais.
先生は生徒たちにもっと勉強していてほしかった。

Eu não achei que ela **tivesse sabido**.
私は彼女が知っていたとは思いませんでした。

Ele duvidava que eu **tivesse comido** tudo.
彼は、私が全部食べてしまったことを疑っていました。

また過去の事実に反する仮定文の条件節の動詞は接続法過去完了形です。この時の帰結節には、過去未来完了形（ter の直説法過去未来形＋過去分詞）を用います。

Se eu **tivesse tido** tempo ontem, eu teria visitado Maria.
もし昨日時間があったら、私はマリアを訪ねていたのだが。

Se eu **tivesse me encontrado** com você ontem, eu teria te convidado para o jantar.
もしあなたに昨日会っていたなら、私は夕食に誘ったのだが。

そのほか、**como se**＋接続法過去完了形で、「あたかも（まるで）～であったかのように」という過去の事実に反する比喩を表現するのに使われます。

Eu estou cansado **como se tivesse participado** de uma maratona.
私はあたかもマラソンに参加したかのように疲れています。

> 接続法過去完了形は過去の事実に反する仮定文の条件節や比喩に用いる！

1 主語に合わせて、カッコの中の動詞を接続法過去完了形に活用させましょう。

1. Eu queria que meus filhos ＿＿＿＿＿＿＿＿＿＿ muito. （estudar）
   私は息子たちにたくさん勉強していてほしかった。
2. Eu duvidei que ele ＿＿＿＿＿＿＿＿＿＿ muito dinheiro. （ter）
   私は彼がたくさんのお金を持っていたことを疑いました。
3. Eu queria que você ＿＿＿＿＿＿＿＿＿＿ na prova. （passar）
   私はあなたに試験に受かっていてほしかった。
4. Nós não acreditamos que Pedro ＿＿＿＿＿＿＿＿＿＿ isso. （fazer）
   私たちはペドロがそれをしたとは信じませんでした。
5. Nós lamentamos que Paulo não ＿＿＿＿＿＿＿＿＿＿ vir aqui. （poder）
   私たちはパウロがここに来ることができなかったことを残念に思いました。

> 従属節の内容は、主節の動詞の動作よりも以前に完了した内容なので、接続法過去完了形を用いています。

2 日本語に合うように、次の文をポルトガル語にしましょう。

1. ＿＿＿＿＿＿＿＿＿＿, nós teríamos ido à praia.
   もし雨が降っていなかったら、私たちは海に行ったのに。
2. ＿＿＿＿＿＿＿＿＿＿, eu teria ficado contente.
   もし彼がここに来ていたら、私は喜んでいたのに。
3. ＿＿＿＿＿＿＿＿＿＿, você teria conseguido acordar cedo.
   もしあなたがもっと早く眠っていたら、早起きできたのに。

3 次のポルトガル語を日本語にしましょう。

1. Ele me falou como se tivesse visto isso.

2. Eu não pensei que ele tivesse vendido a casa dele.

> 1のvistoはver「見る」の過去分詞、2のvendidoはvender「売る」の過去分詞です。

第50課 もし時間があったら、ブラジルに行きたい

Se eu tiver tempo, eu quero ir para o Brasil.

接続法未来形は、直説法完全過去形で「あなたたち」が主語の活用語尾ramを取った形に、以下のような活用語尾をつけて作ります。活用語尾は全動詞共通です。

	falar（-ar動詞）	beber（-er動詞）	partir（-ir動詞）
完全過去形 vocês	falaram → fala（語幹）	beberam → bebe（語幹）	partiram → parti（語幹）
eu	falar	beber	partir
você	falar	beber	partir
nós	falarmos	bebermos	partirmos
vocês	falarem	beberem	partirem

完全過去形が不規則な動詞の場合でも、作りかたの規則は同じです。
ir 行く　for　for　formos　forem（完全過去形の活用 vocês foram）

接続法未来形は名詞節と独立文では用いられず、副詞節と形容詞節でのみ用いられます。また副詞節でも、特定の接続詞の後ろで未来の内容を表す時のみに限られます。主動詞が直説法未来形・現在形（未来の意味を持つ場合）・命令文で、従属節の内容が未来の事柄を表す場合、従属節の動詞は接続法未来形になります。

○副詞節における接続法未来形の用法：
　未来を表す内容で、時・方法・様態・条件を表す接続詞（句）が作る副詞節の動詞

Eu te ligo quando **tiver** tempo.　時間がある時に、あなたに電話します。
Faça como você **quiser**.　あなたがしたいようにしなさい。
Se **chover**, não vou à praia.　もし雨が降ったら、私は海へ行きません。

○形容詞節における接続法未来形の用法：
　形容詞節において、未来についての不確実な事柄を述べる時の動詞

As pessoas que **chegarem** tarde não poderão entrar na sala de aula.
遅刻した人は教室に入ることができません。

> 接続法未来形は、不確実な未来の内容を表す従属節で用いる！

1 主語に合わせて、カッコの中の動詞を接続法未来形に活用させましょう。

1. Eu vou voltar para casa depois que _____ o trabalho. (terminar)
   仕事が終わった後、家に帰ります。
2. Venham sempre que vocês _____ . (querer)
   あなたたちが来たい時にいつでも来てください。
3. Quanto mais você _____ , mais vai aumentar seu conhecimento. (experimentar)
   経験すればするほど、知識が増えます。
4. Se você _____ aqui, eu darei um presente para você. (vir)
   もしここに来れば、あなたにプレゼントをあげます。
5. Eu vou te ajudar quando _____ . (poder)
   できる時に、私はあなたを手伝います。

> 1のdepois que「〜の後」、2のsempre que「〜する時はいつも」、3のquanto mais「〜すればするほど」の後ろが未来の内容なので、接続法未来形を用います。

2 次のポルトガル語を日本語にしましょう。

1. Seja quem for, não pode entrar.

2. Aconteça o que acontecer, eu te amo.

> seja quem for や aconteça o que acontecer は、接続法未来形を用いた譲歩的な表現です。

3 次の日本語をポルトガル語にしましょう。

1. もしあなたが行けば、私も行きます。(〜も: também)

2. あなたがお金を持ってきた時に、私はこの車を売るつもりです。

3. あなたは家に帰ったらすぐに宿題をしなさい。(〜するとすぐに: logo que)

日本とブラジルの関係

　日本とブラジルは地球の反対側で距離的には遠い国ですが、非常に密接な関わりを持っています。ここでは簡単に日本とブラジルの関係について移民とデカセギをキーワードに紹介していきます。

【日本とブラジル関係史】

1892年	ブラジル政府が日本人移民の受け入れを表明。
1895年	日伯修好通商航海条約が締結。
1908年	日本人のブラジル移民が開始される。
1941年	ブラジル、日本人移民受け入れを停止。
1942年	日本とブラジルの国交が断絶。
1951年	日本とブラジルの国交が復活。
1953年	ブラジル、日本人移民受け入れを再開。
1973年	移民船によるブラジル移民を廃止。
1980年	サンパウロ市議会が6月18日を「日本人移民の日」に制定。
1989年	日本の出入国管理法が改正され、日系ブラジル人の就労受け入れが開始される。
2008年	日本人移民100周年。

　1908年、781人が笠戸丸で神戸港を出港し、6月18日にサンパウロ州のサントス港に到着したことでブラジル移民が始まります。もともとブラジルではアフリカから連れてこられた奴隷をコーヒー園などで働かせていましたが、1888年の奴隷制廃止で労働者不足に陥っていました。そこでヨーロッパからの移民を積極的に受け入れたものの、奴隷と変わらない待遇の悪さから移民たちが反乱を起こし、移民中止に追い込まれていました。一方、日本ではアメリカへの移民がすでに行われていましたが、日本人排斥運動の激化でアメリカへの移民が制限されていました。また日清・日露戦争後の不況のあおりで失業者が増加していたため、新たな移住先を日本政府が模索していたことが、ブラジル移民開始の背景にあります。

　1914年から1917年まで一時的に移民受け入れを中止していたものの、1920年代後半にはブラジルが最大の日本人移民受け入れ国となっていました。この頃

にはアマゾン移民も始まり、ジュート栽培を行っています。1941年の太平洋戦争の勃発で日本とブラジルは敵国となり、国交が断絶されましたが、戦後の1951年に国交が復活、再びブラジル移民が始まります。ブラジルへ移民した日本人は約13万人、現在ブラジルには約150万人の日系人が住んでいて、世界最大の日系コミュニティを作っています。

　ブラジルでは1970年代後半から激しいインフレが起こり、1980年代には経済が破綻し、失業率は増加の一方でした。それに対し日本は高度経済成長、そしてバブル景気と、安定した経済状況にありましたが、労働者不足により外国人労働者受け入れを望む声が上がっていました。そして1989年、日本の出入国管理法が改正されたことで、日系3世までとその家族が「定住者」の在留資格を得られるようになり、日本に職を求めて多くの日系ブラジル人が出稼ぎとして来日しました。その社会現象からポルトガル語でも「デカセギ (dekassegui)」という単語が生まれています。

　一時は約30万人以上のブラジル人が日本に在住していましたが、2008年のリーマンショック後の不況（それに対し、ブラジルでは経済が発展）や2011年の東日本大震災などで日本を離れ、2013年現在では約19万人のブラジル人が日本に住んでいます。2012年の統計ではブラジル人の多く住む都道府県は、1位愛知県（約5万人）、2位静岡県（約3万人）、3位三重県（約1万3千人）、4位群馬県（約1万2千人）、5位岐阜県（約1万1千人）で、東海地方に多くブラジル人が居住していることが分かります。

　ブラジル移民やデカセギについて、もっと詳しく知りたい人は、ぜひ以下の本を読んでみることをお勧めします。

『パラレル・ワールド』深沢正雪、潮出版社
『日系人の歴史を知ろう』高橋幸春、岩波ジュニア新書

単語を増やそう（その5）

1日の生活の動詞：

acordar	目覚める	levantar-se	起きる
lavar o rosto	顔を洗う	escovar os dentes	歯を磨く
tomar café da manhã	朝食をとる	ler o jornal	新聞を読む
ir ao banheiro	トイレに行く	trocar de roupa	着替える
preparar	準備する	sair de casa	家を出る
dirigir o carro	車を運転する	pegar o trem (ônibus)	電車（バス）に乗る
chegar a 〜	〜に到着する	estudar	勉強する
trabalhar	働く	almoçar	昼食をとる
descansar	休憩する	fumar	たばこを吸う
voltar para casa	家に帰る	assistir à televisão	テレビを見る
cozinhar	料理する	jantar	夕食をとる
limpar / fazer faxina	掃除する	arrumar	片づける、整頓する
lavar a roupa	洗濯をする	passar a roupa	アイロンをかける
tomar banho	お風呂に入る	secar o cabelo	髪を乾かす
deitar-se	寝る	dormir	眠る

主な動作の動詞：

ver 見る	ler 読む	escrever 書く	ouvir 聞く
falar 話す	dizer 言う	conversar おしゃべりする	chamar 呼ぶ
andar 歩く	correr 走る	dançar 踊る	nadar 泳ぐ
cantar 歌う	tocar 弾く、触る	pular 跳ぶ	sentar-se 座る
parar 止まる	empurrar 押す	puxar 引く	cortar 切る
abrir 開ける	fechar 閉める	trazer 持ってくる	levar 持っていく
entrar 入る	sair 出る	colocar 置く	carregar 運ぶ
começar 始める	terminar 終える	entregar 渡す	receber 受け取る
ligar / telefonar 電話する		mandar / enviar 送る	buscar 迎えに行く
procurar 探す	achar 見つける	dividir 分ける	pagar 払う
perguntar 質問する		responder 答える	ensinar 教える

Maria： Ele sabe ler e escrever japonês?
　　　　彼は日本語の読み書きができるの？
Paulo： Não, ele não sabe. Mas ele sabe falar.
　　　　いいえ、できません。だけど話すことはできます。

主な反意語の形容詞：

alto 高い ↔ baixo 低い			caro 高い ↔ barato 安い	
gordo 太った ↔ magro やせた			grande 大きい ↔ pequeno 小さい	
rico 裕福な ↔ pobre 貧乏な			comprido 長い ↔ curto 短い	
bonito かわいい ↔ feio 醜い			bom 良い ↔ mau 悪い	
alegre 陽気な ↔ triste 悲しい			gostoso おいしい ↔ ruim まずい	
novo 若い、新しい ↔ velho 年老いた、古い				
pesado 重い ↔ leve 軽い			forte 強い ↔ fraco 弱い	
grosso 厚い ↔ fino 薄い			largo 広い ↔ estreito 狭い	
macio 柔らかい ↔ duro 硬い			seguro 安全な ↔ perigoso 危険な	
fácil 簡単な ↔ difícil 難しい			muito 多い ↔ pouco 少ない	
quente 暑い ↔ frio 寒い			quente 熱い ↔ gelado 冷たい	
perto 近い ↔ longe 遠い			correto 正しい ↔ errado 間違った	
claro 明るい、(色が)薄い ↔ escuro 暗い、(色が)濃い				

主な色の形容詞：cor 女 色

vermelho	赤い	azul	青い	amarelo	黄色い
verde	緑の	branco	白い	preto	黒い
roxo	紫の	marrom	茶色い	cinza	灰色の
cor de laranja	オレンジ色の	cor de rosa	ピンク色の		
bege	ベージュ色の	castanho	栗色の		
dourado	金色の	prateado	銀色の		

　色を表す単語は男性形単数の形で名詞にもなります。形容詞として使う場合は、修飾する名詞の性数に合わせて性数変化します。

Kaori： De quem é aquele carro grande?
　　　　　あの大きな車は誰のですか？
Maria： Aquele vermelho? Ah, é de Paulo. É muito bonito, não é?
　　　　　あの赤いの？　ああ、パウロのです。とてもかっこいいですよね？

場面別の表現例：やあ！

Kaori： Oi, Paulo. Tudo bem?
Paulo： Tudo bem. E você?
Kaori： Tudo.

Kaori： Bom dia, Senhor Ronaldo. Como vai?
Ronaldo：Bem, obrigado. E você?
Kaori： Muito bem, obrigada.

カオリ： やあ、パウロ。元気？
パウロ： 元気だよ。君は？
カオリ： 元気よ。

カオリ： おはようございます、ホナウドさん。お元気ですか？
ホナウド：元気だよ、ありがとう。あなたは？
カオリ： とても元気です、ありがとう。

　上の会話は、親しい友達同士で使うあいさつです。「元気？」は人によってはTudo bom? を使います。答える時はTudo bem (bom). や、Tudo. と答えます。ちなみに「そんなに元気ではない」時にはMais ou menos.「まあまあ」と言いますが、普通は決まり文句のようにTudo bem. と答えます。

　下の会話は、初対面の人や目上の人に使うあいさつです。男性の敬称（〜さん）はsenhor、女性にはsenhoraを用います。「ありがとう」はポルトガル語では男女で言いかたが異なり、男性はobrigado、女性はobrigadaと言います。相手の性別は関係ないので、自分の性別に合った方を使いましょう。

場面別の表現例：おなかすいてる？

Kaori： Paulo, que horas são agora?
Paulo： São sete e meia. Já é a hora do jantar.
Kaori： Tá com fome?
Paulo： Tô, sim. Vamos jantar naquele restaurante?
Kaori： Vamos! Nunca fui ali.
Paulo： Aquele restaurante é bem barato mas muito gostoso!

カオリ：パウロ、今何時？
パウロ：7時半だね。もう夕食の時間だよ。
カオリ：おなかすいてる？
パウロ：うん、すいてるよ。あそこのレストランで夕食をとろうよ。
カオリ：そうしましょう。私あそこに行ったことないわ。
パウロ：あのレストラン、すごく安いけど、とても美味しいんだよ。

　Táはestá、TôはestouのBryanianです。口語ではestar動詞のesの部分を省略して言うことがよくあります。
　naqueleは前置詞emと指示詞aqueleが縮合した形です。前置詞emは、その後ろに母音で始まる冠詞、指示詞、人称代名詞（ele(s), ela(s)）などが来るとそれらと縮合します。

（例）　em + um（不定冠詞）　→　num
　　　em + este　　　　　　→　neste
　　　em + ele　　　　　　　→　nele

　外食にはrestaurante「レストラン」のほかに、ちょっとした軽食を取りたい時にはlanchonete「ランショネッチ、軽食堂」、お酒をメインで飲みたい時にはbar「バール」がおススメです。

場面別の表現例：メニューお願いします

Garçom： Boa noite. Mesa para quantas pessoas?
Paulo： Para duas.
Garçom： Pois não.
Paulo： O cardápio por favor.
Garçom： Aqui está.
Paulo： Kaori, o que você quer pedir?
Kaori： Eu quero um filé mignon.
Paulo： Acho que vou pedir um frango.
Garçom： E para beber?
Paulo： Uma cerveja bem gelada. Traga dois copos, por favor.
Garçom： Mais alguma coisa?
Paulo： Só isso, obrigado.

ウエイター：こんばんは。何名様ですか？
パウロ：　 2名です。
ウエイター：かしこまりました。
パウロ：　 メニューお願いします。
ウエイター：こちらです。
パウロ：　 カオリ、何を頼みたい？
カオリ：　 私はフィレミニョンが欲しいな。
パウロ：　 僕はチキンを頼もうかな。
ウエイター：お飲み物は？
パウロ：　 よく冷えたビールを1つ。コップを2つ持ってきてください。
ウエイター：他には何かありますか？
パウロ：　 それだけです、ありがとう。

　traga は trazer「持ってくる」の接続法現在形の形です。trazerは直説法現在形では不規則動詞でeu trago と活用するので、語末のo をとった trag が語幹となります。

場面別の表現例：郵便局はどこですか？

Kaori： Com licença.
Homem： Pois não?
Kaori： Pode me dar uma informação, por favor?
　　　　 Onde é o correio mais perto?
Homem： Você vai em frente até a primeira esquina, vira à direita
　　　　 e segue reto. Então logo você verá o correio à esquerda.
Kaori： Muito obrigada.
Homem： De nada.

カオリ：すみません。
男の人：どうかしましたか？
カオリ：すみません、情報をいただけませんか。
　　　　一番近い郵便局はどこですか？
男の人：最初の角まで前に行って、右に曲がって、まっすぐ進みます。
　　　　そうしたら、まもなく郵便局が左に見えてきますよ。
カオリ：どうもありがとうございました。
男の人：どういたしまして。

「右に」はà direita、「左に」はà esquerda、「まっすぐ」はretoです。(Muito) obrigado/a「（どうも）ありがとう」に対して「どういたしまして」と答える時には、本文にあるDe nada.のほかに、Imagine.やNão há de quê.という表現もあります。

　ブラジルでは人に道を聞いたり聞かれたりする頻度が、日本よりも多いと思います。ブラジル人は親切なので、道を聞くと愛想よく教えてくれることが多いですが、人によっては分からなくても道を教えてくれるので、目的地にたどり着くまでに何度も聞かなければいけないことがあります（笑）。

場面別の表現例：いくらですか？

Vendedora： Boa tarde. Quer ajuda?
Kaori： Boa tarde. Gostaria de ver aquela blusa da vitrine.
Vendedora： Qual tamanho a senhora quer?
Kaori： Tamanho P. Posso experimentar?
Vendedora： Claro.

Kaori： Vou levar esta. Quanto custa?
Vendedora： 100 reais. Vai pagar em dinheiro ou no cartão?
Kaori： Em dinheiro.

店員： こんにちは。お手伝いしましょうか？
カオリ：こんにちは。ショーウインドウにあるあのブラウスが見たいのですが。
店員： どのサイズがよろしいでしょうか？
カオリ：Ｓサイズです。試着してもいいですか？
店員： もちろんです。

カオリ：これ持っていきます。いくらですか？
店員： 100レアルです。現金のお支払いですか、それともカードですか？
カオリ：現金で。

　custarは「値段が〜である」という動詞です。上の文は主語がesta blusaなので、「いくらですか？」という表現がQuanto custa (esta blusa)?となりますが、値段をたずねるものが複数の場合はQuanto custam (estas blusas)?というように動詞の活用が変化します。
　ＳサイズはTamanho P(pequeno)、ＭサイズはTamanho M(médio)、ＬサイズはTamanho G(grande) です。

場面別の表現例：もしもし？

Kaori： Alô? Quem está falando?
Ronaldo： O Ronaldo.
Kaori： Boa noite, Senhor Ronaldo. Aqui é a Kaori. Queria falar com Paulo. Ele está?
Ronaldo： Ele ainda não voltou. Quer deixar o recado?
Kaori： O senhor sabe quando ele vai voltar?
Ronaldo： Às nove, eu acho.
Kaori： Então vou ligar de novo às nove e meia.
Ronaldo： Tudo bem. Vou avisar para ele.
Kaori： Obrigada. Até logo.

カオリ： もしもし？　どちら様でしょうか？
ホナウド：ホナウドです。
カオリ： こんばんは、ホナウドさん。カオリです。
　　　　　パウロと話したいのですが、彼はいますか？
ホナウド：まだ帰ってきていないよ。伝言ある？
カオリ： 彼はいつ戻ってくるか分かりますか？
ホナウド：9時だと思うけど。
カオリ： じゃあ9時半にもう一度電話します。
ホナウド：OK。彼に伝えておくよ。
カオリ： ありがとうございます。さようなら。

　目上の男性には「あなた」はvocêの代わりにo senhorを使います（目上の女性にはa senhora）。Tudo bem.は「元気」という意味と説明しましたが、ここで使われているように「OK、分かりました」の意味もあります。
　日本では電話を受けた方が「どちら様でしょうか？」と聞きますが、ブラジルではかけた方が「どちら様でしょうか？」と尋ねることがしばしばあります。以前ブラジルの電話事情が悪かったために、ちゃんとかけた相手につながっているかどうかを確かめるためだそうです。ただ、このシチュエーション、最近の携帯電話の普及からすると、あまり見られなくなっているかもしれませんが…。

場面別の表現例：明日、時間ある？

Kaori　：　Oi, Paulo. Você tem tempo amanhã?
Paulo　：　Amanhã eu estou livre.
　　　　　　Você quer ir para algum lugar?
Kaori　：　Quero sim. Se fizer tempo bom, quero ir ao zoológico.
Paulo　：　Mas a previsão do tempo para amanhã é de chuva.
　　　　　　Acho que é melhor nós irmos ao aquário.
Kaori　：　Boa ideia. Onde vamos nos encontrar?
Paulo　：　Que tal em frente ao shopping às 10?
Kaori　：　Tudo bem. Então até amanhã.

カオリ：やあ、パウロ。明日時間ある？
パウロ：明日は暇だよ。どこか行きたいの？
カオリ：うん。もし天気が良かったら、動物園に行きたいな。
パウロ：でも明日の天気予報は雨だよ。
　　　　僕たち水族館に行った方がいいと思うよ。
カオリ：いい考えね。どこで待ち合わせる？
パウロ：10時にショッピングセンターの前はどう？
カオリ：いいわよ。じゃあまた明日ね。

　Se fizer tempo bom「もし天気が良かったら」のfizerはfazerの接続法未来形です。第50課で見たように、未来を表す内容で、条件を表す接続詞（se）が用いられているために、fazer tempo bomで「良い天気である」のfazerが接続法未来形になっています。
　またAcho que é melhor nós irmos ao aquário.の文では、第43課で学んだ人称不定詞が使われています。不定詞の主語がnósなので、irmosと変化しています。
　Que tal～？は「～はいかがですか？」と相手の意向をたずねる表現です。

場面別の表現例：旅行代理店にて

Na agência de turismo

Kaori： Queria saber o preço da passagem de avião para Salvador no dia 21.
Atendente： Combinado. Tem preferência de companhia?
Kaori： Qualquer uma.
Atendente： Este voo da Azul é o mais barato. Quase 300 reais.
Kaori： Ah, é? Eu perguntei o preço da passagem de ônibus na rodoviária agora há pouco e era quase esse mesmo preço.
Atendente： De ônibus leva 30 horas de viagem, mas de avião leva 2 horas. Já que o preço é o mesmo, você deveria optar por avião.
Kaori： Então vou comprar a passagem desse voo.

旅行代理店にて

カオリ： 21日のサルヴァドール行きの飛行機の値段を知りたいのですが。
お店の人： 分かりました。どの航空会社が良いでしょうか？
カオリ： どれでもいいです。
お店の人： このアズールの便が一番安いですよ。約300レアルです。
カオリ： そうなんですか？　さっきバスターミナルでバスの値段を聞いたんだけど、同じくらいですね。
お店の人： バスだと30時間かかるけど、飛行機なら2時間よ。同じ値段なら、絶対に飛行機の方にすべきよ。
カオリ： じゃあ、そのチケット買います。

　já que ～は「～するからには」という表現です。deverは「～すべきだ」という動詞で後ろに動詞の不定詞をとります。ここではdeverを過去未来形にしていることで丁寧な表現になっています。
　この会話内容は半分実話です…。ブラジルの国内移動はバスか飛行機ですが、最近は飛行機の値段もとても安くなってきているので、よっぽど時間に余裕があるとき以外は飛行機移動の方がはるかに便利です。

場面別の表現例：何をしているの？

Kaori：O que eles estão fazendo?
Paulo：Ah, eles estão jogando capoeira.
Kaori：O que é capoeira?
Paulo：É mistura de dança com arte marcial.
　　　　Dizem que foi criada por descendentes de escravos africanos.
　　　　Aqui, a Bahia, é famosa como centro de capoeira.
Kaori：Não sabia. Eu tenho que conhecer mais a cultura brasileira.
　　　　Paulo, você sabe jogar capoeira?
Paulo：Sei. Faz 5 anos que aprendo capoeira.
Kaori：Nossa! Não parece que joga...

カオリ：彼らは何をしているの？
パウロ：ああ、彼らはカポエイラをしているんだよ。
カオリ：カポエイラって何？
パウロ：格闘技と混ざったダンスだね。
　　　　アフリカ人奴隷の子孫たちによって生み出されたと言われているんだ。
　　　　ここバイーアはカポエイラの中心地として有名なんだ。
カオリ：知らなかった。もっとブラジル文化を知らなきゃいけないわ。
　　　　パウロ、あなたはカポエイラできるの？
パウロ：できるよ。カポエイラを5年間習っているからね。
カオリ：ええっ！　してるようには見えない…。

　dizem que ～は「～と言われている、～ということだ」という表現です。criada は criar「生み出す」の過去分詞です。受動態なので主語（capoeira）に合わせて女性形になっています。Faz 5 anos que aprendo capoeira. は第32課で学んだ時間の経過を表す文ですね。
　「カポエイラ（capoeira）」は最近、日本でも習い事の一つとしてメジャーなスポーツになってきていますね。パウロの説明はかなりざっくりとした内容になっていますが、非常に奥の深いブラジル文化の一つです。

場面別の表現例：名古屋駅の地下鉄アナウンス

【東山線に乗って名古屋駅に着く時】
Os passageiros que utilizarão o metrô da linha Sakuradori, a linha Aonami, a linha JR, Meitetsu ou Kintetsu, façam a troca nesta estação.

桜通線、あおなみ線、JR線、名鉄線、近鉄線をご利用のお客様は、この駅でお乗換えです。

【東山線で名古屋駅から藤が丘行に乗った時】
Este trem vai sentido a Fujigaoka.

この電車は藤が丘行です。

　os passageiros「乗客（複数）」の後ろにあるqueは関係代名詞で、que以下で具体的にどのような乗客なのかを説明しています。utilizarãoはutilizar「利用する」の現在未来形です。façamはfazerの接続法現在形で、ここでは命令表現として使われています。nestaは前置詞emと指示詞estaの縮合した形です。
　東海地方にはブラジル人が多く住んでいますが、その中でも名古屋市営地下鉄や名古屋鉄道の駅構内では、さまざまなところでポルトガル語表記が見られます。特に、名古屋市営地下鉄東山線の車内アナウンスでは、主要駅でポルトガル語のアナウンスを聞くことができるので、乗車の折にはぜひ聞いてみてください。

右端がポルトガル語。

ボイブンバ

　ブラジルの祭りといえば、リオのカーニバルが有名ですが（もちろんカーニバルはリオデジャネイロだけでなく、ブラジルのあらゆる街でお祭りが行われていますが…）、ここではリオのカーニバルに続いて大規模な祭りと言われている、ブラジルアマゾンの祭り、ボイブンバ（Boi-Bumbá）について紹介したいと思います。

　「ボイブンバ」という言葉ですが、ポルトガル語で「ボイ（boi）」は雄牛、「ブンバ（bumba）」はドスン、ドシン！といった打撃や爆発、落下などの音、という2つの語からなっています。つまり、「大暴れする牛のお祭り」という意味合いです。
　もともとブラジルには、牛の復活をモチーフにした民間伝承（フォークロア）の祭りや踊りが各地に存在します。特に有名なのはブラジル北東部マラニョン州のブンバ・メウ・ボイ（Bumba-Meu-Boi）で、これがボイブンバの元祖とも言われています。「ボイブンバ」といった場合にはアマゾナス州を中心としたアマゾンに伝わる民間伝承のことを言います。
　一般的にボイブンバと言えば、アマゾナス州のパリンチンス（Parintins）という町で行われるパリンチンス・フォルクローレ祭（Festival Folclórico de Parintins）を指します。転じて、この祭りで使われる音楽や、その音楽で踊られる踊りのことも同様にボイブンバという名称で呼ばれます。このお祭りは1966年から始まり、現在は毎年6月最後の金・土・日曜日の3日間に行われています。パリンチンスの人口は2012年時点で約10万人ですが、祭りの3日間で町の人口と同じくらいの観光客がパリンチンスを訪れます。

　祭りでは、赤チーム（Garantido「ガランチード」）と青チーム（Caprichoso「カプリショーゾ」）の2チームが争う形で、毎晩両チームの演技が行われます。各チーム約3000人が出演します。毎日演技が終わるごとに、審査員が審査項目に合わせて点数をつけ、3日間の祭りの後で勝敗を決めます。演者だけでなく観客も審査項目対象なので、自分が応援するチームが演じている時には、一緒になって盛り上がらないといけません（逆に、相手チームが演じている時には、静かにしていないといけません）。

　チームごとにその年のメインテーマとその日ごとのサブテーマがあり、そのテーマに沿ったストーリーに合わせて、巨大な山車や衣装、振り付けを用いて熱演を繰り広げます。テーマは主にインディオやインディオの血を引く人々の

生活習慣、アマゾンの自然環境、歴史、伝説など、アマゾン特有のモチーフが多く取り入れられています。そんな祭りの様子は「原始林の中の壮大なオペラ」と称されるほど。祭りのハイライトは、牛の復活シーンと、祈禱師の登場シーン。巨大な山車のいったいどこから牛や祈禱師が出てくるのかが見どころです。

巨大な山車にある仕掛けから、このように牛が登場します。この白牛は赤チーム（Garantido）のもの。青チーム（Caprichoso）は黒牛です。

山車の高さは15メートルを超えるものもあって、その大きさには圧倒されます。作りや動きもかなりリアルなものになっています。

カポエイラ

　カポエイラ（Capoeira）はテレビコマーシャルやミュージックビデオ、格闘ゲームやマンガのキャラクターなどで取り上げられることも多く、知名度も上がってきたので、ご存知の方も多いのではないでしょうか。

　カポエイラは、15世紀から17世紀にかけてアフリカ諸国からブラジルへ奴隷として連れてこられた黒人たちが、農園主の主人や見張り役の虐待から身を守るために編み出した護身術でもあり、また休憩時間や労働の後に仲間とふざけあう遊びでもあったと言われています。

　そこからカポエイラは黒人奴隷だけでなく、ムラート（黒人と白人の混血）やポルトガル人の下層労働者にも広がっていきます。しかし喧嘩や強盗にカポエイラの技が使われることも多く、1890年から1937年にかけて、カポエイラは犯罪として刑法にも規定されていました。

　その後メストリ・ビンバが1930年に「他の武術の要素を取り入れた新しい強いカポエイラ」を提唱し、ヘジオナウ（Regional）という新しいカポエイラのスタイルを確立し、カポエイラのスポーツ化を図りました。また一方で、メストリ・パスチーニャを中心に、アンゴラ（Angola）という名のもとで、伝統的なスタイルにこだわった非暴力的なカポエイラの普及に努める人たちが現れることで、カポエイラは徐々に支持を得、ブラジルの国技として発展するまでになりました。

初期のカポエイラの風景。Rugendasの版画より。
("Viagem Pitoresca através do Brasil", 1979, Itatiaia, Belo Horizonte)

カポエイラは楽器の伴奏とポルトガル語の歌に合わせて、2人が踊るようにしながら対戦をします。カポエイラのシンボルともいえるビリンバウ（berimbau）と呼ばれる弓形の楽器を中心に、パンデイロ（pandeiro）、アタバキ（atabaque）、アゴゴ（agogo）、ヘコヘコ（reco-reco）という楽器を用いてリズムをとります。これに合わせてリードの人が歌をうたい、周りの人が合いの手を入れるような形で歌の掛け合いをしていきます。

　そしてカポエイラの最も大きな特徴は「勝ち負けがない」ことです。基本的には相手に技を当てずに技を繰り広げるので、大人対子供、男性対女性でも楽しんでゲームをすることができます。勝ち負けがないために、一見してどういうルールのもとで動いているのか分かりづらいかもしれませんが...。

　ブラジルでは路上や公園などでカポエイラが行われていることもありますし、動画サイトでも各地のカポエイラの映像を見ることができるので、ぜひ一度実際にカポエイラをしている様子を見てみてください。

バイーア州Feira de Santana市の路上で行われているカポエイラ。
カポエイラをしている2人を円で囲むようにして、周りの人たちが楽器を弾いたり歌ったりします。奥の3人が持っている長い棒のようなものがビリンバウと呼ばれる楽器です。

もっと勉強したい人のために

　ポルトガル語は日本でも耳にする機会が多い言語とはいえ、参考書や辞書の数は他の外国語に比べると、まだ少ないような気がします。最近はブラジルが注目されてきていることで、ポルトガル語に関する書籍も昔よりは手に入りやすくなっていますが…。ここでは、もっとポルトガル語を学びたい人のために、参考図書や参考サイトをいくつか紹介していきます（基本的には、ブラジルのポルトガル語が対象です）。

○辞書
『現代ポルトガル語辞典〔3訂版〕』池上岑夫、金七紀男、高橋都彦、富野幹雄、武田千香共編、白水社
　　ポルトガル語学習者には必携の一冊です。
『現代日葡辞典』ジャイメ・コエーリョ、飛田良文編、小学館
　　見出し語4万7千、用例6万と、かなり充実した内容の辞書。コンパクト版が値段、大きさ的にも手頃です。
『日本語　ブラジル・ポルトガル語辞典』日向ノエミア編、三省堂
　　語彙数は『現代日葡辞典』より少ないものの、例文が日常会話に即したものが多く、作文する際にとても参考になります。
Dicionário Houaiss da Língua Portuguesa, Instituto Antônio Houaiss
　　ブラジルで最も信頼されていると言われているポルトガル語辞典です。Amazonなどで購入可能です。
電子辞書：CASIOエクスワード　XD-N7800
　　上記の『現代ポルトガル語辞典』『現代日葡辞典』のほかに『コリンズポルトガル語辞典』（英語⇔ポルトガル語）が搭載されています。

○参考書、問題集
ひととおり文法を確認したい人向け
『ニューエクスプレス　ブラジルポルトガル語』香川正子、白水社
　　外国語を学び始める第一歩に欠かせない、ニューエクスプレスシリーズのブラジルポルトガル語版です。まずはさらっとポルトガル語に足を踏み入れたい人に。

もっとポルトガル語を掘り下げたい人向け
『ブラジル・ポルトガル語リスニング』浜岡究、アンドレア・ヴァレスカ・ロペス・モンテイロ、三修社

リスニング練習に特化した問題集。内容は中級レベルで、ブラジルでの生活でよく使われる会話や文章になっています。サンパウロとリオの発音の違いも分かります。

『中級ポルトガル語のしくみ』市之瀬 敦、白水社
中級学習者が疑問に思いがちな文法事項が、分かりやすく紹介されています。

『手紙・メールのポルトガル語』野中モニカ、三修社
手紙やメールに欠かせない表現や単語が満載。スケジュールや日記の書き方、日本の文化の紹介の仕方なども載っています。

○**学習サイト**
東京外国語大学言語モジュール　ポルトガル語
http://www.coelang.tufs.ac.jp/mt/pt/
発音、会話、文法、語彙が総合的に独学で学べるサイトです。

Easy Portuguese
http://www.easyportuguese.com/
英語で説明されている、無料のポルトガル語学習サイトです。よく使われる単語やフレーズを音声で聞くこともできます。

Sonia-portuguese.com
http://www.sonia-portuguese.com/
ブラジルのポルトガル語教師であるソニアさんの提供する無料学習サイト。説明は英語で書かれています。

そのほか、NHKラジオ講座のテキストやCDも入手しやすくおススメです。また書籍やネットだけでなく、日本でもブラジル人の多い地域では、ポルトガル語で書かれたパンフレットや無料雑誌を簡単に手に入れることができます。ぜひみなさんもポルトガル語をさらに勉強して、ブラジルを身近に感じてください。

練習問題解答例

第1課
1. 1. uma 2. um 3. um 4. uma
2. 1. O 2. O 3. A 4. A
3. 1. Tem um relógio aqui.
   2. Tem uma menina aqui.
   3. O menino está aqui.
   4. Uma mesa, por favor.
   5. O mapa está aqui.
   6. Tem uma estação e um cinema aqui.

第2課
1. 1. garfos 2. colheres 3. homens 4. mulheres 5. cadernos
2. 1. os homens 2. as moças 3. os rapazes 4. os japoneses
3. 1. Duas cervejas e dois copos, por favor.
   2. Tem colheres aqui.
   3. Tem dois ônibus aqui.
   4. Ajude as mulheres.

第3課
1. 1. é 2. somos 3. são 4. sou
2. 1. Ele não é japonês. 2. Você é estudante?
   3. Eles não são brasileiros. 4. Vocês são professores?
3. 1. ela é 2. nós somos 3. eles são 4. eu sou 5. ele é

第4課
1. 1. chinesa 2. americana 3. cantora 4. dentista
2. 1. médicos 2. japonesas 3. cantores 4. estudantes
3. 1. Ela é médica. 2. Eles são japoneses. 3. Elas são professoras?
   4. Eles não são chineses.

第5課
1. 1. meus 2. sua 3. nossos
2. 1. Este, meu 2. Esta, minha 3. Estes, meus 4. Estas, minhas
3. 1. Esse, seu 2. Esses, seus 3. Essa, sua 4. Essas, suas
4. 1. Aquela casa é nossa. 2. Aqueles cadernos são seus?
   3. Estas canetas não são minhas.

第6課
1. 1. deles 2. de Paulo 3. dele 4. delas 5. dela

2 1. do Japão 2. de São Paulo 3. dos Estados Unidos
   4. da China 5. do Brasil
3 1. O nome dele é Paulo. 2. Aquela é a filha do seu irmão?
   3. Eles são os pais de Camila. 4. O professor delas é de Portugal.

第7課
1 1. baixa 2. bonitos 3. caras 4. alegre 5. boa
2 1. Tem um carro novo aqui. 2. Tem uma menina pequena aqui.
   3. Este caderno velho é meu. 4. Ela é uma grande mulher.
3 1. Esta caneta é barata. 2. Meus pais são alegres. 3. A casa dele é grande.

第8課
1 1. está 2. estou 3. estão 4. está 5. estamos
2 1. com 2. × 3. com 4. × 5. com
3 1. Eles não estão cansados. 2. Você está bem? (Você) está com febre?
   3.（男性）Eu estou satisfeito.（女性）Eu estou satisfeita.
   4. Nós estamos com saudades de você.

第9課
1 1. no 2. na 3. em 4. no 5. em 6. na
2 1. é 2. está 3. estou 4. sou 5. estão 6. é 7. são 8. está
3 1. Onde está seu pai? (Ele) está no banheiro.
   2. Minha cadeira é nova, mas está quebrada.

第10課
1 1. temos 2. têm 3. tem 4. tenho
2 1. muitas 2. muito 3. muito 4. muito
3 1. Eu tenho dois irmãos. 2. Tem muitos brasileiros no Japão.
   3. Tem muitos japoneses no Brasil.
   4. Minhas irmãs não têm dinheiro.

第11課
1 1. quinze 2. cinquenta e sete 3. trinta e seis 4. vinte e um
   5. um 6. dois
2 1. quinto 2. primeira 3. primeiro 4. segunda
3 1. Ele tem duas irmãs. 2. Eu tenho ☐ anos.
   3. Nós estamos no terceiro andar.

第12課
1 1. sexta-feira 2. sábado 3. domingo
2 1. trinta e um de julho 2. vinte e cinco de dezembro
   3. doze de junho 4. cinco de maio 5. primeiro de janeiro

3　1. No Brasil, o Dia das Crianças é no dia doze de outubro.
　　2. Eu tenho uma prova na terça-feira.
　　3. Meu aniversário é no dia 日にちの数字 de 月名 .

第13課

1　1. estudo　2. moramos　3. jogam　4. toca　5. compra
2　1. Toco　2. Falamos　3. Moram　4. Estuda
3　1. Eu estudo português na universidade.
　　2. Paulo joga futebol no domingo.
　　3. Eles compram um carro novo.

第14課

1　1. como　2. aprendemos　3. entendem　4. parte　5. bebem
2　1. Bebo　2. Vende　3. Partimos
3　1. Nós entendemos português.　2. Meu pai não bebe cerveja.
　　3. Minha mãe sempre abre estas janelas.　4. Vocês vendem muitos livros?

第15課

1　1. tem　2. tenho　3. têm
2　1. gostamos de　2. precisa　3. gosto de　4. preciso de
　　5. gostam de　6. precisa de
3　1. Eu gosto muito de beber cerveja.
　　2. Nós precisamos estudar português.
　　3. Eles têm que partir hoje.

第16課

1　1. quer　2. quero　3. querem　4. queremos　5. quer
2　1. Quero　2. Queremos　3. Não quer
3　1. Eu quero uma casa nova.　2. Minha irmã quer dançar.
　　3. Ele não quer vender o carro dele.　4. Você quer viajar para o Japão?

第17課

1　1. vai　2. vão　3. vamos　4. vou　5. Vamos
2　1. à　2. ao　3. a　4. aos
3　1. Eu quero ir ao banheiro.
　　2. Ele vai estudar português amanhã.
　　3. Vamos para o Brasil? / Vamos ao Brasil?
　　4. Eu vou ao cinema com ela na semana que vem.

第18課

1　1. pode　2. podemos　3. podem　4. pode　5. posso
2　1. Não posso　2. Pode　3. Podem

3 1. Posso ir ao banheiro?

2. Eles não podem sair. Eles têm que estudar em casa.

3. Pode abrir esta porta?

第19課

1 1. Onde 2. O que 3. Por que 4. Como 5. Quem 6. Quando 7. Qual

2 1. Para onde você vai amanhã 2. Com quem Maria vai viajar

3 1. Quantas horas você estuda? 2. Quantos cadernos você tem?

第20課

1 1. nadando 2. bebendo 3. assistindo 4. indo 5. tocando

2 1. Eles estão jogando futebol na universidade.

2. Eu estou comendo churrasco.

3. Meu pai está trabalhando agora.

4. Nós estamos estudando português.

3 1. Maria está morando em Nagoia.

2. Eu não estou podendo sair agora.

3. Nós estamos precisando de dinheiro.

第21課

1 1. me 2. nos 3. se 4. se

2 1. se deita 2. me sento 3. nos encontramos 4. se preocupam

5. me levanto

3 1. Ele se senta na cadeira.   2. Eu preciso me deitar cedo.

3. Nós queremos nos encontrar com Maria.

4. Ela não se casa com Pedro.

第22課

1 1. São seis e dez.   2. São oito e meia.   3. É meio-dia e meia.

4. É meia-noite.   5. É uma e vinte e cinco.   6. São duas e quarenta e cinco.

2 1. às 2. ao 3. à 4. às 5. à

3 1.（例）Eu me levanto às seis e meia todos os dias.（6時半に）

2.（例）Eu normalmente almoço ao meio-dia.（昼の12時に）

3.（例）Eu sempre me deito às onze e meia.（11時半に）

第23課

1 1. conheço 2. sei 3. sabemos 4. conhece

2 1. sabem 2. sabe 3. conheço 4. conhecemos 5. sei

3 1. Você sabe com quem Maria mora?

2. Eu sei que ela gosta de dançar.

3. Eu quero conhecer o Brasil.

第24課

1 1. consegue 2. conseguimos 3. consigo 4. conseguem
2 1. sei 2. sabe 3. pode 4. consigo 5. podem 6. conseguir
3 1. Eu vou me levantar cedo amanhã, mas não consigo dormir.
   2. Eu não posso comprar aquele carro porque não tenho dinheiro.

第25課

1 1. fazem 2. fazemos 3. faço 4. faz
2 1. damos 2. dou 3. dá 4. dão
3 1. venho 2. vem 3. vêm 4. vimos
4 1. O que Pedro faz? Ele é professor.
   2. De onde ela vem? Ela vem do Brasil.

第26課

1 1. nada 2. ninguém / nenhuma pessoa 3. nenhuma 4. nenhum
2 1. algum 2. alguma 3. alguém / alguma pessoa
   4. algo / alguma coisa 5. alguns 6. algumas
3 1. Ninguém sabe quando Maria vai para o Brasil.
   2. Eu não vou para nenhum lugar amanhã.
   3. Eu tenho algumas perguntas. 4. Você tem alguma pergunta?

第27課

1 1. em frente do 2. ao lado da 3. embaixo da 4. atrás de 5. entre
   6. dentro de 7. em cima da 8. perto da 9. antes do 10. depois do
2 1. O Brasil fica muito longe do Japão.
   2. Ele vai estudar português comigo depois da aula.
   3. Não tem ninguém atrás de mim.

第28課

1 1. te 2. a 3. nos 4. me 5. me 6. lhe
2 1. Maria me ensina português. 2. Meus pais a vendem.
   3. Eu quero lhes apresentar meu namorado. 4. Você os conhece?
3 1. Ele nos conhece? 2. Pode me mandar um e-mail? 3. Eu te amo.

第29課

1 1. estudei 2. leu 3. comemos 4. partiram 5. dormi 6. compraram
   7. se levantou 8. jantamos
2 1. joguei 2. fiquei 3. comecei
3 1. Eles chegaram aqui há uma hora.
   2. A que horas você se deitou ontem? / A que horas você dormiu ontem?

第30課

1. 1. puderam 2. foi 3. quis 4. viu 5. disse 6. trouxe
   7. soube 8. estivemos
2. 1. Eu tive que trabalhar ontem.
   2. Para onde você foi ontem? / Aonde você foi ontem?
3. 1. De onde elas vieram? 2. Maria fez compras no shopping.
   3. Eu dei um presente para ele.

第31課

1. 1. já 2. ainda, não 3. já 4. nunca
2. 1. 彼は一度もシュハスコを食べたことがありません。
   2. あなたのお兄さんたち（弟たち）はもう出発しましたか？
   3. 授業はまだ始まっていません。
   4. あなたたちは日本に行ったことがありますか？
3. 1. Eu nunca estive no Brasil. / Eu nunca fui para o Brasil.
   2. Ele já dormiu? 3. Maria ainda não veio aqui. 4. Você já leu este livro?

第32課

1. 1. dez anos 2. uma hora 3. cinco dias 4. seis meses
2. 1. 私たちは長い間会っていません。
   2. 私は2週間前にパウラを訪ねました。
   3. あなたはポルトガル語を勉強してどのくらい経ちますか？
3. 1. Faz vinte anos que meus pais se casaram.
   2. Faz três anos que Pedro veio para o Japão.
   3. Faz quantos anos que você mora aqui?

第33課

1. 1. comia 2. jogávamos 3. fumava 4. Estava 5. dormiam
   6. se levantavam
2. 1. tinha 2. éramos 3. vinham 4. punha
3. 1. Quando eu era criança, eu ia para a escola de bicicleta.
   2. A que horas você se deitava antigamente?
   3. Enquanto nós assistíamos à televisão, minha mãe fazia o jantar.

第34課

1. 1. estava, fui 2. cheguei, jantavam 3. jogava 4. jogou 5. Tinha
2. 1. 私は彼の家に行ったことがあります。
   2. 私は昨日彼の家にいました。
   3. 私の父は誕生日に私にプレゼントをくれました。
   4. 私の父は毎年誕生日に私にプレゼントをくれたものでした。

5. 私はその映画がとても気に入りました。
6. 私は子供の頃、その映画がとても好きでした。

第35課

1 1. mais caro do que 2. menos altos do que 3. tão frio quanto / como
  4. menor do que 5. tão difícil quanto / como
  6. menos cansadas do que 7. maiores do que

2 1. Hoje está mais quente do que ontem.
  2. Esta caneta é menos boa do que aquela (caneta).
  3. A casa dele é tão grande quanto / como a minha (casa).
  4. Estes carros são mais baratos do que aquele (carro).

第36課

1 1. as mais bonitas da 2. os menos baratos desta 3. o mais gordo da
  4. o maior país do 5. os melhores alunos da
  6. o professor mais famoso da 7. a mulher mais bonita do

2 1. O Monte Fuji é o mais alto do Japão.
  2. Esta é a bolsa mais cara da loja.
  3. São Paulo é a maior cidade do Brasil.

第37課

1 1. que 2. quem 3. que 4. que 5. quem

2 1. Aquela mulher que está dançando ali é minha professora.
  2. O ônibus que eu vou pegar ainda não chegou.
  3. Eu não conheço o homem com quem você conversava.

3 1. Você tem o livro de que preciso?
  2. Ela á a atriz por quem meu amigo está apaixonado.

第38課

1 1. visitarei 2. traremos 3. venderá 4. dirá 5. terá 6. irão

2 1. Meu filho será médico. 2. Eu farei um bolo amanhã.
  3. Meus pais sairão no domingo.

3 1. Será que Maria sabe falar japonês?
  2. Será que ela está dormindo?
  3. Será que Pedro lhe ligou / telefonou ontem?
   (Será que Pedro ligou / telefonou para ela ontem?)

第39課

1 1. viria 2. diria 3. chegariam 4. estudaríamos 5. traria
  6. faria 7. partiria 8. Seriam

2 1. Poderia fechar a janela? 2. Gostaria de comprar este carro.

3. Poderia me ligar / telefonar amanhã?

第40課
1　1. nevado　2. jogado　3. escrito　4. dormido
2　1. tem bebido　2. tenho assistido　3. temos trabalhado　4. tem vindo
3　1. Tem chovido muito nos últimos dias.
　　2. O que você tem feito ultimamente / recentemente?
　　3. Eu tenho estudado muito ultimamente / recentemente.

第41課
1　1. tinha ido　2. tínhamos comprado　3. tinha começado　4. tinha escrito
2　1. terei esquecido　2. teremos chegado　3. terão vindo
3　1. 私が彼女の家に忘れてしまったノートを彼女は持ってきてくれました。
　　2. その映画は私が思っていたよりも面白かった。
　　3. 明日までには、私は宿題をしてしまっているでしょう。

第42課
1　1. fundada　2. descoberto　3. vendidas　4. lidos
2　1. As roupas foram lavadas pelas meninas.
　　2. O jantar é feito por mim todos os dias.
　　3. Por quem esta janela foi aberta? / Por quem foi aberta esta janela?
3　1. O pai dele consertou o carro.　2. Muitas pessoas falam inglês.
　　3. Eu escrevi este livro.

第43課
1　1. sabermos　2. dormir　3. voltarem　4. trabalharem　5. terminarmos
2　1. あなたたちは毎日朝食をとると良いです。
　　2. 私は、私たちが飲むためのたくさんのビールを持ってきました。
　　3. 先生は生徒たちが理解するまで説明します。
3　1. É importante eles estudarem português.
　　2. Eu voltei para casa antes de vocês virem aqui.

第44課
1　1. estudem　2. me case　3. esteja　4. tenha　5. faça　6. ajudemos
　　7. abramos　8. possa
2　1. ele vá para o Brasil comigo　2. eles comam muito
　　3. você more perto da minha casa

第45課
1　1. beba　2. aprendam　3. façamos　4. telefone　5. esteja
2　1. ここには運転できるような人は誰もいません。
　　2. 私は、私を手伝ってくれるような人を探しています。

3. あなたはどこか安いホテルを知っていますか？

3　1. Nós partimos com você desde que você se levante cedo.
　　2. Embora você não goste, eu quero comprar aquela casa.
　　3. Eu vou trabalhar até que meus filhos voltem para casa.

第46課

1　1. neve   2. ganhemos   3. goste   4. saibam   5. faça
2　1. どうか明日授業がありませんように。
　　2. 私の両親は新しい家を買うかもしれません。
　　3. 私は明日大学に行かないかもしれません。
3　1. Tomara que ela me dê um presente no meu aniversário!
　　2. Tomara que vocês sejam / estejam felizes!
　　3. Talvez eu parta à uma amanhã.

第47課

1　1. Fechem   2. Empurre   3. Respondam   4. Volte   5. Preparemos
　　6. Assistamos
2　1. jogue   2. fique   3. comece
3　1. Abram aquela janela!   2. Escreva seu nome!
　　3. Não fumem!   4. Estudemos português!

第48課

1　1. estudassem   2. me casasse   3. estivesse   4. tivesse
　　5. fizesse   6. ajudássemos   7. abríssemos   8. pudesse
2　1. Se eu tivesse dinheiro   2. Se você morasse perto   3. como se dançasse

第49課

1　1. tivessem estudado   2. tivesse tido   3. tivesse passado   4. tivesse feito
　　5. tivesse podido
2　1. Se não tivesse chovido   2. Se ele tivesse vindo aqui
　　3. Se você tivesse dormido mais cedo
3　1. 彼はあたかもそれを見たかのように私に話しました。
　　2. 私は、彼が家を売ってしまったとは思いませんでした。

第50課

1　1. terminar   2. quiserem   3. experimentar   4. vier   5. puder
2　1. 誰であろうとも、入ることはできません。
　　2. 何が起ころうとも、私はあなたを愛しています。
3　1. Se você for, eu também vou.
　　2. Eu vou vender este carro quando você trouxer o dinheiro.
　　3. Faça o dever de casa logo que você voltar para casa.

各課で扱う文法項目

第1課	名詞の性、冠詞	第26課	不定形容詞、不定代名詞
第2課	名詞の複数形	第27課	場所や時を表す前置詞句、前置詞の後の人称代名詞
第3課	ser動詞、否定文、疑問文	第28課	目的格人称代名詞
第4課	女性形への変えかた	第29課	直説法完全過去形の活用（規則動詞）
第5課	指示詞、所有詞、所有格	第30課	直説法完全過去形の活用（不規則動詞）
第6課	前置詞de	第31課	完了表現、経験表現
第7課	形容詞	第32課	時間の経過表現
第8課	estar動詞	第33課	直説法不完全過去形の活用
第9課	serとestarの使い分け、前置詞em	第34課	完全過去形と不完全過去形の使い分け
第10課	ter動詞、muitoの使いかた	第35課	比較級
第11課	数詞（基数、序数）	第36課	最上級
第12課	曜日、月名、日付表現	第37課	関係代名詞
第13課	直説法現在形の活用（-ar動詞）	第38課	直説法現在未来形の活用
第14課	直説法現在形の活用（-er動詞、-ir動詞）	第39課	直説法過去未来形の活用
第15課	gostar動詞、precisar動詞、ter que	第40課	現在完了
第16課	querer動詞	第41課	過去完了、未来完了
第17課	ir動詞、前置詞aとpara	第42課	受動態、前置詞por
第18課	poder動詞	第43課	人称不定詞の活用
第19課	疑問詞	第44課	接続法現在形の活用
第20課	現在進行形	第45課	接続法現在形の用法
第21課	再帰動詞、再帰代名詞	第46課	独立文での接続法の用法
第22課	時間表現	第47課	命令表現
第23課	saber動詞、conhecer動詞	第48課	接続法不完全過去形の活用と用法
第24課	conseguir動詞、「〜できる」の使い分け	第49課	接続法過去完了形の活用と用法
第25課	fazer動詞、dar動詞、vir動詞	第50課	接続法未来形の活用と用法

単語リスト（ポルトガル語－日本語）

＊この本の例文や練習問題で使われた単語です。基本的に本書で使われた意味を載せていますが、これ以外の意味で使う場合もあります。冠詞、前置詞（縮合形を含む）、人称代名詞、数詞は含まれていません。形容詞は男性形単数、動詞は原形を記載しています。

A

- abacaxi 男 パイナップル
- abrir 開ける、開く
- abril 男 4月
- acabar 終わる、尽きる
- acessórios 男 複 身の回り品
- achar 思う、見つける
- acontecer 起こる
- acordar 目覚める
- acreditar 信じる
- açúcar 男 砂糖
- adulto 男 大人
- advogada 女 女性弁護士
- advogado 男 男性弁護士
- aeroporto 男 空港
- africano アフリカの
- agência 女 代理店
- agora 今
- agosto 男 8月
- agricultor 男 男性の農業従事者
- agricultora 女 女性の農業従事者
- água 女 水
- água com gás 女 炭酸入りの水
- água sem gás 女 炭酸なしの水
- aguardar 待つ
- ainda まだ
- ajuda 女 手助け
- ajudar 手伝う
- alegre 明るい、陽気な、うれしい
- alemã 女 ドイツ人男性
- alemão 男 ドイツ人女性
- alergia 女 アレルギー
- alface 女 レタス
- alho 男 にんにく
- algo 何か
- alguém 誰か
- algum 何らかの
- ali あそこに
- almoçar 昼食をとる
- almoço 男 昼食
- Alô? もしもし？
- alto （背が）高い
- aluno 男 生徒
- amanhã 明日
- amar 愛する
- amarelo 黄色い
- americana 女 アメリカ人女性
- americano 男 アメリカ人男性
- amiga 女 女友達
- amigo 男 男友達
- andar 歩く、男 階
- anemia 女 貧血
- aniversário 男 誕生日
- ano 男 年、歳
- ano que vem 男 来年
- antes 以前
- antigamente 昔
- apaixonado 夢中になった
- apontador de lápis 男 鉛筆削り
- aprender 学ぶ、習う
- apresentar 紹介する
- aquário 男 水族館
- aquela あの、あれ（女性形）
- aquele あの、あれ（男性形）
- aqui ここに
- ar-condicionado 男 エアコン

argentina	女 アルゼンチン人女性	barato	安い
argentino	男 アルゼンチン人男性	barriga	女 腹
arroz	男 米	bastar	十分である、足りる
arrumar	片付ける、整頓する	batata	女 じゃがいも
arte marcial	女 格闘技	bebê	男 赤ちゃん
artigos de escritório	男複 文房具	beber	飲む
artista	男 女 アーティスト	bebida	女 飲み物
aspirador de pó	男 掃除機	bege	ベージュ色の
assistir	見る、出席する	bem	よく、上手に、元気な
Até amanhã.	また明日	beringela	女 なす
Até logo.	さようなら	biblioteca	女 図書館
ator	男 男性俳優	bicicleta	女 自転車
atrás	後ろに	biscoito	男 ビスケット
atriz	女 女優	blusa	女 ブラウス
aula	女 授業	Boa noite.	こんばんは
aumentar	増加させる	Boa tarde.	こんにちは
australiana	女 オーストラリア人女性	boca	女 口
australiano	男 オーストラリア人男性	bochecha	女 頬
avião	男 飛行機	bolacha	女 クラッカー
avisar	伝える	boliviana	女 ボリビア人女性
avó	女 祖母	boliviano	男 ボリビア人男性
avô	男 祖父	bolo	男 ケーキ
avós	男複 祖父母	bolsa	女 バッグ
azeite de oliva	男 オリーブオイル	bom	良い
azul	青い	Bom dia.	おはよう
		bombeira	女 女性消防士
		bombeiro	男 男性消防士
		boné	男 キャップ

B

bairro	男 地区	bonito	かわいい、かっこいい
baixo	(背が)低い	borracha	女 消しゴム
bala	女 キャンディ	braço	男 腕
balconista	男 女 店員	branco	白い
bancária	女 女性銀行員	Brasil	男 ブラジル
bancário	男 男性銀行員	brasileira	女 ブラジル人女性
banco	男 銀行	brasileiro	男 ブラジル人男性、ブラジルの
banheiro	男 トイレ	buscar	迎えに行く
bar	男 バー		

C

cabeça	女	頭
cabelo	男	髪の毛
cachorro	男	犬
cadeira	女	椅子
caderno	男	ノート
café	男	コーヒー
café com leite	男	カフェオレ
café da manhã	男	朝食
caipirinha	女	カイピリーニャ
calça	女	ズボン
calça jeans	女	ジーパン
calculadora	女	電卓
calor	男	暑さ
cama	女	ベッド
camisa	女	シャツ
camiseta	女	Tシャツ
canadense	男 女	カナダ人
caneta	女	ペン
cansado		疲れている
cantar		歌う
cantor	男	男性歌手
cantora	女	女性歌手
capoeira	女	カポエイラ
cardápio	男	メニュー
carimbo	男	はんこ
carne	女	肉
carne de boi	女	牛肉
carne de porco	女	豚肉
caro		（値段が）高い
carregar		運ぶ
carro	男	車
carta	女	手紙
cartão	男	カード
carteira	女	財布
casa	女	家
casada	女	既婚者女性
casado	男	既婚者男性
casar-se		結婚する
castanho		栗色の
cebola	女	玉ねぎ
cedo		早く
célebro	男	脳
celular	男	携帯電話
cenoura	女	にんじん
centro	男	中心、中心部
cerveja	女	ビール
cesto de lixo	男	ごみ箱
chá	男	茶
chá preto	男	紅茶
chá verde	男	緑茶
chamar		呼ぶ
chão	男	床
chapéu	男	帽子
chegar		到着する
chiclete	男	ガム
chilena	女	チリ人女性
chileno	男	チリ人男性
China	女	中国
chinelo	男	ビーチサンダル
chinês	男	中国人男性
chinesa	女	中国人女性
chocolate	男	チョコレート
chope	男	生ビール
chover		雨が降る
churrasco	男	シュハスコ
chuva	女	雨
chuveiro	男	シャワー
cidade	女	町
cigarro	男	たばこ
cima	女	頂上
cinema	男	映画館
cinto	男	ベルト
cintura	女	腰
cinza		灰色の
claro		明るい、（色が）薄い

Claro.	もちろん	
classe	女	クラス
clipe	男	クリップ
cobertor	男	毛布
cobrir	覆う	
coca	女	コーラ
coisa	女	もの
cola	女	のり
colega	男女	同僚、クラスメイト
colher	女	スプーン
colocar	置く	
colombiana	女	コロンビア人女性
colombiano	男	コロンビア人男性
Combinado.	わかりました	
começar	始める、始まる	
comer	食べる	
comerciante	男女	商人
comida	女	食べ物
Com licença.	失礼します	
Como vai?	お元気ですか？	
companheira	女	仲間（女性）
companheiro	男	仲間（男性）
companhia	女	会社
comprar	買う	
compras	女複	買い物
compreender	理解する	
comprido	長い	
conhecer	（経験として）知る	
conhecimento	男	知識
conseguir	（努力して）できる	
consertar	修理する	
contente	うれしい	
conversar	おしゃべりする	
convidar	招待する	
copo	男	コップ
coquetel	男	カクテル
cor	女	色
cor de laranja	オレンジ色の	

cor de rosa	ピンク色の	
coração	男	心臓
coreana	女	韓国人女性
coreano	男	韓国人男性
coriza	女	鼻水
corpo	男	体
corredor	男	廊下
correio	男	郵便局
correr	走る	
correto	正しい	
cortar	切る	
costas	女複	背中
cotovelo	男	ひじ
cozinha	女	台所
cozinhar	料理する	
cozinheiro	男	料理人
criança	女	子供
criar	創造する	
cultura	女	文化
cunhada	女	義理の姉・妹
cunhado	男	義理の兄・弟
curto	短い	
custar	値段が～である	

D

dança	女	ダンス
dançar	踊る	
dar	与える、あげる	
décimo	10番目の	
dedo	男	指
deitar-se	寝る	
deixar	～させる	
delegacia de polícia	女	警察署
demais	過度に	
De nada.	どういたしまして	
dente	男	歯
dentista	男女	歯医者
dentro	中に	

depois	後で	enfermeiro	男 男性の看護師
depois de amanhã	あさって	engenheira	女 女性のエンジニア
descansar	休憩する	engenheiro	男 男性のエンジニア
descendente	男 女 子孫	enjoo	男 吐き気
descobrir	発見する	enquanto	〜する間
desejar	望む	ensinar	教える
devagar	ゆっくり	entender	理解する
dever	〜しなければならない	entrar	入る
dever de casa	男 宿題	entre	〜の間に
dezembro	男 12月	entregar	渡す
dia	男 日	enviar	送る
diarreia	女 下痢	errado	間違った
difícil	難しい	escada	女 階段
dinheiro	男 お金、現金	escola	女 学校
direita	女 右	escovar	磨く
dirigir	運転する	escravo	男 奴隷
dividir	分ける	escrever	書く、手紙を書く
dizer	言う	escritor	男 男性作家
doce	男 お菓子	escritora	女 女性作家
doença	女 病気	escuro	暗い、(色が) 濃い
domingo	男 日曜日	espanhol	男 スペイン人男性
dona de casa	女 主婦	espanhola	女 スペイン人女性
dor	女 痛み	espelho	男 鏡
dormir	眠る	esperar	待つ、期待する
dourado	金色の	espinafre	男 ほうれんそう
duro	硬い	esposa	女 妻
duvidar	疑う	esquecer	忘れる
		esquerda	女 左
		esquina	女 角

E

e	そして	essa	その、それ (女性形)
e-mail	男 Eメール	esse	その、それ (男性形)
embaixo	下に	esta	この、これ (女性形)
embora	〜であっても	estação	女 駅
empresa	女 会社	Estados Unidos	男 複 アメリカ合衆国
empurrar	押す	estante	女 棚
encontrar-se	会う	estar	〜である
endereço	男 住所	este	この、これ (男性形)
enfermeira	女 女性の看護師		

estilete	女 カッターナイフ	formar-se	卒業する
estojo	男 筆ばこ	forte	強い
estômago	男 胃	foto	女 写真
estreito	狭い	fotógrafa	女 女性カメラマン
estudante	男女 学生	fotógrafo	男 男性カメラマン
estudar	勉強する	fraco	弱い
experimentar	試す、試着する、経験する	francês	男 フランス人男性
		francesa	女 フランス人女性
explicar	説明する	frango	男 鶏肉
		fratura	女 骨折
		frente	女 前

F

faca	女 ナイフ	frigideira	女 フライパン
fácil	簡単な	frio	男 寒さ、寒い
falar	話す	fruta	女 果物
faltar	不足する	fumar	たばこを吸う
família	女 家族	funcionária	女 女性従業員
famoso	有名な	funcionário	男 男性従業員
faxina	女 掃除	fundar	設立する
fazer	する、作る	futebol	男 サッカー
febre	女 熱		
fechar	閉める、閉まる		

G

feijão	男 豆	ganhar	得る
feio	醜い	garagem	女 ガレージ
feliz	幸せな	garçom	男 ウエイター
ferro de passar	男 アイロン	garfo	男 フォーク
fevereiro	男 2月	garrafa	女 瓶
ficar	位置する	geladeira	女 冷蔵庫
fígado	男 肝臓	gelado	冷えた
filé mignon	男 フィレミニョン	genro	男 婿
filha	女 娘	gordo	太った
filho	男 息子	gostar	好きだ
filme	男 映画	gostoso	おいしい
fino	薄い	grande	大きい
firma	女 会社	grafite	男 替え芯
fita adesiva	女 セロハンテープ	grampeador	男 ホッチキス
fogão	男 コンロ	gravata	女 ネクタイ
fome	女 飢え	gripe	女 風邪
fora	外に	grosso	厚い

guarda-chuva 男 傘
guardanapo 男 ナプキン

H

haver 存在する
história 女 歴史
hoje 今日
homem 男 男性
hora 女 時間
hospital 男 病院
hotel 男 ホテル

I

ideia 女 考え、アイデア
idosa 女 老人（女性）
idoso 男 老人（男性）
igreja 女 教会
importante 重要な
informação 女 情報
inglês 男 イギリス人男性、英語
inglesa 女 イギリス人女性
injeção 女 注射
interessante 興味深い、面白い
internação 女 入院
intestino 男 腸
inveja 女 ねたみ
ir 行く
　ir embora 立ち去る、帰る、行って
　　しまう
irmã 女 姉・妹
irmão 男 兄・弟
isqueiro 男 ライター
isso それ
italiana 女 イタリア人女性
italiano 男 イタリア人男性、イタリ
　アの

J

já もう、すでに
janeiro 男 1月
janela 女 窓
jantar 夕食をとる、男 夕食
Japão 男 日本
japonês 男 日本人男性、日本語、日
　本の
japonesa 女 日本人女性
jardim 男 庭
joelho 男 ひざ
jogar （スポーツを）する
jornal 男 新聞
jornalista 男 女 記者
jovem 男 女 若者
julho 男 7月
junho 男 6月
junto 一緒に

L

lábio 男 唇
lado 男 方向
lamentar 残念に思う
lanchonete 女 軽食堂
lápis 男 鉛筆
lapiseira 女 シャープペンシル
laranja 女 オレンジ
largo 広い
lata 女 缶
lavar 洗う
leite 男 牛乳
lençol 男 シーツ
ler 読む
levantar 起こす
levantar-se 起きる
levar 持っていく、連れていく
leve 軽い
licença 女 許可

ligar	電話する		massa	女 パスタ
limão	男 レモン		mau	悪い
limpar	掃除する		médica	女 女性医師
língua	女 舌		médico	男 男性医師
linguiça	女 ソーセージ		médio	中間の
linha	女 線		meio	半分の
livraria	女 本屋		meia-calça	女 ストッキング
livre	ひまな、空いた		meia-noite	女 夜の12時
livro	男 本		meias	女 複 靴下
lixo	男 ごみ		meio de transporte	男 交通機関
local	男 場所		meio-dia	男 正午
logo	すぐに		melancia	女 すいか
loja	女 店		melão	男 メロン
loja de conveniência	女 コンビニエンスストア		melhor	より良い
longe	遠い、遠くに		melhorar	回復に向かう
louça	女 食器		menina	女 女の子
lugar	男 場所		menino	男 男の子
			menor	より小さい
			menos	より少ない

M

			mês	男 月
maçã	女 りんご		mesmo	同じ
macio	柔らかい		mês que vem	男 来月
mãe	女 母		mesa	女 テーブル
magro	やせている		metrô	男 地下鉄
maio	男 5月		meu	私の（男性形）
maior	より大きい		mexicana	女 メキシコ人女性
mais	もっと		mexicano	男 メキシコ人男性
mais ou menos	まあまあ		microondas	女 複 電子レンジ
mamão	男 パパイヤ		milho	男 とうもろこし
mandar	送る、命じる		minha	私の（女性形）
manga	女 マンゴー		minuto	男 分
mão	女 手		mistura	女 混合物
mapa	男 地図		moça	女 若い女性
máquina de lavar roupa	女 洗濯機		mochila	女 リュックサック
maratona	女 マラソン		molho inglês	男 ウスターソース
março	男 3月		Monte Fuji	男 富士山
marido	男 夫		moradia	女 住居
marrom	茶色い		morango	男 いちご

morar　　住む
mostrar　　見せる
motocicleta　　[女] バイク
muito　　とても、たくさんの、多い
mulher　　[女] 女性
mundo　　[男] 世界
músculo　　[男] 筋肉
museu　　[男] 博物館
música　　[女] 音楽

N

nacionalidade　　[女] 国籍
nada　　何も（〜ない）
nadar　　泳ぐ
nádegas　　[女][複] 尻
namorada　　[女] 恋人、彼女
namorado　　[男] 恋人、彼氏
não　　いいえ、〜ではない
nariz　　[男] 鼻
Natal　　[男] クリスマス
navio　　[男] 船
necessário　　必要な
nenhum　　ひとつも（〜ない）
neta　　[女] 孫（女性）
neto　　[男] 孫（男性）
nevar　　雪が降る
ninguém　　誰も（〜ない）
noite　　[女] 夜
noiva　　[女] 婚約者（女性）
noivo　　[男] 婚約者（男性）
nome　　[男] 名前
nono　　9番目の
nora　　[女] 嫁
normalmente　　通常
nossa　　私たちの（女性形）
Nossa!　　（驚きで）ええっ！
nosso　　私たちの（男性形）
novembro　　11月

novo　　新しい、若い
nunca　　決して、一度も（〜ない）

O

Obrigada　　ありがとう（女性の言い方）
Obrigado　　ありがとう（男性の言い方）
óculos　　[男][複] めがね
Oi　　やあ
oitavo　　8番目の
óleo　　[男] 油
olho　　[男] 目
ombro　　[男] 肩
onde　　どこ
ônibus　　[男] バス
ontem　　昨日
operação　　[女] 手術
optar　　選択する
o que　　何
orelha　　[女] 耳
órgão　　[男] 器官
osso　　[男] 骨
ou　　あるいは
outubro　　[男] 10月
ouvir　　聞く
ovo　　[男] 卵

P

pagar　　払う
pai　　[男] 父
pais　　[男][複] 両親
país　　[男] 国
panela　　[女] 鍋
pão　　[男] パン
papel higiênico　　[男] トイレットペーパー
parar　　止まる
parecer　　〜のように見える
parente　　[男][女] 親戚

parque	男 公園	piscina	女 プール
participar	参加する	pobre	貧乏な
partir	出発する	Pois não.	承知しました
passado	過去の、過ぎ去った	Pois não?	ご用件は？
passageiro	男 乗客	poder	（状況的に）～できる
passagem	女 乗車券	policial	男 女 警察官
passar	通る、過ごす、合格する、渡す	pôr	置く
pássaro	男 鳥	por favor	すみませんが～、お願いします
pasta	女 書類カバン	por isso	そのため
pauzinhos	男 複 はし	por que	なぜ
pé	男 足	porque	なぜなら
pedir	頼む	porta	女 ドア
pegar	捕まえる、乗る	porto	男 港
peito	男 胸	Portugal	男 ポルトガル
peixe	男 魚	português	男 ポルトガル語、ポルトガル人男性
pele	女 肌	portuguesa	女 ポルトガル人女性
pena	女 同情	posto de bombeiros	男 消防署
pensar	考える、思う	pouco	少し、少ない
pepino	男 きゅうり	praia	女 海岸
pequeno	小さい	prateado	銀色の
pergunta	女 質問	prato	男 皿
perguntar	質問する	precisar	必要だ
perigoso	危険な	preço	男 値段
perna	女 脚	prefeitura	女 市役所
perto	近い、近くに	preferência	女 好み
peruana	女 ペルー人女性	preocupar-se	心配する
peruano	男 ペルー人男性	preparar	準備する
pesado	重い	presente	男 プレゼント
pescoço	男 首	preto	黒い
pêssego	男 桃	previsão	女 予報
pessoa	女 人	prima	女 いとこ（女性）
pia	女 流し	primeiro	1番目の
piano	男 ピアノ	primo	男 いとこ（男性）
pimenta de reino	女 胡椒	procurar	探す
pimentão	男 ピーマン	professor	男 男の先生
pintor	男 男性画家	professora	女 女の先生
pintora	女 女性画家		
pior	より悪い		

profissão	女 職業	relógio	男 時計
prometer	約束する	remédio	男 薬
prova	女 試験	repolho	男 キャベツ
pudim	男 プディング	responder	答える
pular	跳ぶ	ressaca	女 二日酔い
pulmão	男 肺	restaurante	男 レストラン
Puxa!	（驚きで）ええっ！	reto	まっすぐな
puxar	引く	reunião	女 会議
		rico	裕福な
		rodoviária	女 バスターミナル
		rosto	男 顔
		roupa	女 服
		roxo	紫の
		ruim	悪い、まずい
		Rússia	女 ロシア
		russa	女 ロシア人女性
		russo	男 ロシア人男性

Q

qual	どの
qualquer	どんな〜でも
quando	いつ、〜する時
quanto	いくつの
quarta-feira	女 水曜日
quarto	4番目の、男 部屋
quase	ほとんど
que	何、〜ということ
quebrado	壊れた
queijo	男 チーズ
queimadura	女 やけど
queixo	男 顎
quem	誰
quente	熱い、暑い
querer	欲しい、〜したい
Que tal ~?	〜はいかがですか？
quinta-feira	女 木曜日
quinto	5番目の

S

sábado	男 土曜日
saber	（情報として）知る、（技術的に）〜できる
sabonete	男 石鹸
saia	女 スカート
sair	出かける、出る
sal	男 塩
sala	女 部屋、居間
sandália	女 サンダル
sangue	男 血液
sanitário	男 トイレ
sapato	男 靴
saquê	男 日本酒
satisfeito	満足した
saudade	女 懐かしさ
sede	女 渇き
seguir	従う
segunda-feira	女 月曜日
segundo	2番目の

R

rapaz	男 若い男性、青年
real	男 レアル（ブラジルの通貨単位）
recado	男 伝言
receber	受け取る
recentemente	最近
refrigerante	男 清涼飲料水
relações humanas	女 複 人間関係

seguro		安全な
semana	女	週
semana que vem	女	来週
sempre		いつも
senhor	男	～さん（男性の敬称）
senhora	女	～さん（女性の敬称）
sentar-se		座る
sentido	男	方向
ser		～である
setembro	男	9月
sétimo		7番目の
seu		あなたの（男性形）
sexta-feira	女	金曜日
sexto		6番目の
shopping	男	ショッピングセンター
silêncio	男	沈黙、静けさ
sim		はい
sobrancelha	女	眉毛
sobrinha	女	姪
sobrinho	男	甥
sofá	男	ソファー
sogra	女	姑
sogro	男	舅
solteira	女	独身者女性
solteiro	男	独身者男性
sonhador		夢見がちな
sono	男	眠気
sorvete	男	アイスクリーム
sozinho		ひとりで
sua		あなたの（女性形）
suco	男	ジュース
suco de laranja	男	オレンジジュース
sujo		汚れている
supermercado	男	スーパーマーケット

T

talvez		たぶん、～かもしれない
tamanho	男	サイズ
também		～もまた
tanto		あまりに多く
tão		あまりに
tarde		遅く、女 昼
táxi	男	タクシー
telefonar		電話する
telefone	男	電話
televisão	女	テレビ
telhado	男	屋根
tempero	男	調味料
tempo		時間、天気
tênis	男	スニーカー
ter		持っている
terça-feira	女	火曜日
terceiro		3番目の
terminar		終わる、終える
térreo	男	地上階（日本の1階）
tesoura	女	はさみ
testa	女	額
teto	男	天井
tia	女	おば
tigela	女	お椀
tio	男	おじ
tirar		撮る、取る
toalha	女	タオル
tocar		弾く、触る
todas as semanas		毎週
todos		全部
todos os dias		毎日
tomar		摂る、飲む
tomara		～でありますように
tosse	女	咳
trabalhar		働く
trabalho	男	仕事
travesseiro	男	枕
trazer		持ってくる、連れてくる
trem	男	電車

triste	悲しい
troca	女 交換
trocar	替える
trocar-se	着替える
tudo	すべてのもの
Tudo bem.	元気です
Tudo bem?	元気？
turismo	男 観光

U

ultimamente	最近
último	最後の
umbigo	男 へそ
unha	女 爪
universidade	女 大学
usar	使う
utilizar	利用する
uva	女 ぶどう

V

varanda	女 ベランダ
velho	古い、年老いた
vender	売る
ver	見る
verão	男 夏
verdade	女 真実
verde	緑の
verdura	女 野菜
vermelho	赤い
vez	女 回
viagem	女 旅行
viajar	旅行する
vinagre	男 酢
vinho	男 ワイン
vinho branco	男 白ワイン
vinho tinto	男 赤ワイン
vir	来る
virar	曲がる
visitar	訪ねる
vitrine	女 ショーウィンドウ
vizinha	女 隣人女性
vizinho	男 隣人男性
voar	飛ぶ
voltar	戻る、帰る
voo	男 航路

X

xícara	女 カップ

Z

zoológico	男 動物園

単語リスト（日本語－ポルトガル語）

＊この本の例文や練習問題で使われた単語です。基本的に本書で使われた意味を載せていますが、これ以外の意味で使う場合もあります。冠詞、前置詞（縮合形を含む）、人称代名詞、数詞は含まれていません。形容詞は男性形単数、動詞は原形を記載しています。

1番目の	primeiro
2番目の	segundo
3番目の	terceiro
4番目の	quarto
5番目の	quinto
6番目の	sexto
7番目の	sétimo
8番目の	oitavo
9番目の	nono
10番目の	décimo

あ

アーティスト　artista
アイスクリーム　sorvete
愛する　amar
空いた　livre
（〜する）間　enquanto
アイデア　ideia
アイロン　ferro de passar
会う　encontrar-se
青い　azul
赤い　vermelho
赤ちゃん　bebê
明るい　alegre（性格が）, claro（部屋などが）
開ける　abrir
あげる　dar
顎　queixo
あさって　depois de amanhã
足、脚　perna（足の付け根から足首まで）, pé（足首からつま先まで）
明日　amanhã
あそこに　ali

与える　dar
頭　cabeça
新しい　novo
熱い、暑い　quente
厚い　grosso
暑さ　calor
後で　depois
あなたの　seu, sua
兄　irmão
姉　irmã
あの、あれ　aquele, aquela
油　óleo
アフリカの　africano
あまりに　tão, tanto
雨　chuva
雨が降る　chover
アメリカ合衆国　Estados Unidos
アメリカ人　americano, americana
洗う　lavar
ありがとう　Obrigado., Obrigada.
あるいは　ou
歩く　andar
アルゼンチン人　argentino, argentina
アレルギー　alergia
安全な　seguro
胃　estômago
いいえ　não
Eメール　e-mail
言う　dizer
家　casa
いかがですか？　Que tal 〜?
イギリス人　inglês, inglesa
行く　ir

いくつの	quanto
医者	médico, médica
椅子	cadeira
以前	antes
痛み	dor
イタリア人	italiano, italiana
1月	janeiro
いちご	morango
位置する	ficar
一度も（〜ない）	nunca
いつ	quando
一緒に	junto
行ってしまう	ir embora
いつも	sempre
いとこ	primo, prima
犬	cachorro
今	agora
居間	sala
妹	irmã
色	cor
飢え	fome
ウエイター	garçom
受け取る	receber
後ろに	atrás
薄い	claro（色が）, fino（厚さが）
ウスターソース	molho inglês
歌う	cantar
疑う	duvidar
腕	braço
売る	vender
うれしい	alegre, contente
運転する	dirigir
エアコン	ar-condicionado
映画	filme
映画館	cinema
ええっ！	Nossa!, Puxa!
駅	estação
得る	ganhar
エンジニア	engenheiro, engenheira
鉛筆	lápis
鉛筆削り	apontador de lápis
甥	sobrinho
おいしい	gostoso
終える	terminar
多い	muito
覆う	cobrir
大きい	grande
より大きい	maior
オーストラリア人	australiano, australiana
お菓子	doce
お金	dinheiro
起きる	levantar-se
置く	colocar, pôr
送る	enviar, mandar
お元気ですか？	Como vai?
起こす	levantar
起こる	acontecer
おじ	tio
教える	ensinar
おしゃべりする	conversar
押す	empurrar
遅く	tarde
夫	marido
弟	irmão
男の子	menino
大人	adulto
踊る	dançar
お腹	barriga
同じ	mesmo
お願いします	por favor
おば	tio
おはよう	Bom dia.
重い	pesado
思う	achar, pensar
面白い	interessante

泳ぐ	nadar
オリーブオイル	azeite de oliva
オレンジ	laranja
オレンジ色の	cor de laranja
オレンジジュース	suco de laranja
終わる	acabar, terminar
お椀	tigela
音楽	música
女の子	menina

か

カード	cartão
階	andar
回	vez
海岸	praia
会議	reunião
会社	companhia, empresa, firma
階段	escada
カイピリーニャ	caipirinha
回復に向かう	melhorar
買い物	compras
買う	comprar
替え芯	grafite
替える	trocar
帰る	ir embora
顔	rosto
画家	pintor, pintora
鏡	espelho
書く	escrever
学生	estudante
カクテル	coquetel
格闘技	arte marcial
過去の	passado
傘	guarda-chuva
歌手	cantor, cantora
風邪	gripe
家族	família
肩	ombro

硬い	duro
片付ける	arrumar
学校	escola
カッターナイフ	estilete
カップ	xícara
角	esquina
過度に	demais
悲しい	triste
カナダ人	canadense
カフェオレ	café com leite
カポエイラ	capoeira
髪の毛	cabelo
ガム	chiclete
カメラマン	fotógrafo, fotógrafa
～かもしれない	talvez
火曜日	terça-feira
体	corpo
軽い	leve
ガレージ	garagem
かわいい、かっこいい	bonito
渇き	sede
缶	lata
考え	ideia
考える	pensar
観光	turismo
韓国人	coreano, coreana
看護師	enfermeiro, enfermeira
肝臓	fígado
簡単な	fácil
黄色い	amarelo
着替える	trocar-se
器官	órgão
聞く	ouvir
危険な	perigoso
既婚者	casado, casada
記者	jornalista
期待する	esperar
昨日	ontem

キャップ	boné	車	carro
キャベツ	repolho	黒い	preto
キャンディ	bala	経験する	experimentar
休憩する	descansar	警察官	policial
牛肉	carne de boi	警察署	delegacia de polícia
牛乳	leite	軽食堂	lanchonete
きゅうり	pepino	携帯電話	celular
今日	hoje	ケーキ	bolo
教会	igreja	消しゴム	borracha
興味深い	interessante	血液	sangue
許可	licença	結婚する	casar-se
義理の兄・弟	cunhado	決して（〜ない）	nunca
義理の姉・妹	cunhada	月曜日	segunda-feira
切る	cortar	下痢	diarreia
金色の	dourado	元気？	Tudo bem?
銀色の	prateado	元気な	bem
銀行	banco	元気です	Tudo bem.
銀行員	bancário, bancária	現金	dinheiro
筋肉	músculo	濃い	escuro
金曜日	sexta-feira	恋人	namorado, namorada
空港	aeroporto	公園	parque
9月	setembro	合格する	passar
薬	remédio	交換	troca
果物	fruta	紅茶	chá preto
口	boca	交通機関	meio de transporte
唇	lábio	コーヒー	café
靴	sapato	コーラ	cola
靴下	meias	航路	voo
国	país	5月	maio
首	pescoço	国籍	nacionalidade
暗い	escuro	ここに	aqui
クラス	classe	腰	cintura
クラスメイト	colega	胡椒	pimenta de reino
クラッカー	bolacha	答える	responder
栗色の	castanho	骨折	fratura
クリスマス	Natal	コップ	copo
クリップ	clipe	子供	criança
来る	vir	この、これ	este, esta

好み	preferência		ジーパン	calça jeans
ごみ	lixo		塩	sal
ごみ箱	cesto de lixo		4月	abril
米	arroz		時間	hora, tempo
ご用件は？	Pois não?		試験	prova
コロンビア人	colombiano, colombiana		仕事	trabalho
壊れた	quebrado		静けさ	silêncio
混合物	mistura		子孫	descendente
こんにちは	Boa tarde.		舌	língua
こんばんは	Boa noite.		〜したい	querer
コンビニエンスストア	loja de conveniência		従う	seguir
婚約者	noivo, noiva		下に	embaixo
コンロ	fogão		7月	julho
			試着する	experimentar
さ			質問	pergunta
最近	recentemente, ultimamente		質問する	perguntar
最後の	último		失礼します	Com licença.
サイズ	tamanho		自転車	bicicleta
財布	carteira		〜しなければならない	dever
魚	peixe		閉まる、閉める	fechar
探す	procurar		シャープペンシル	lapiseira
砂糖	açúcar		じゃがいも	batata
〜させる	deixar		市役所	prefeitura
作家	escritor, escritora		写真	foto
サッカー	futebol		シャツ	camisa
寒い、寒さ	frio		シャワー	chuveiro
さようなら	Até logo.		週	semana
皿	prato		11月	novembro
触る	tocar		10月	outubro
〜さん	senhor, senhora		住居	moradia
参加する	participar		従業員	funcionário, funcionária
3月	março		住所	endereço
サンダル	sandália		ジュース	suco
残念に思う	lamentar		舅	sogro
幸せな	feliz		姑	sogra
シーツ	lençol		12月	dezembro
			十分である	bastar
			重要な	importante

修理する	consertar	すいか	melancia
授業	aula	水族館	aquário
宿題	dever de casa	水曜日	quarta-feira
手術	operação	スーパーマーケット	supermercado
出席する	assistir	スカート	saia
出発する	partir	過ぎ去った	passado
シュハスコ	churrasco	好きだ	gostar
主婦	dona de casa	すぐに	logo
準備する	preparar	少し、少ない	pouco
ショーウィンドウ	vitrine	より少ない	menos
紹介する	apresentar	過ごす	passar
正午	meio-dia	すでに	já
乗客	passageiro	ストッキング	meia-calça
乗車券	passagem	スニーカー	tênis
上手に	bem	スプーン	colher
招待する	convidar	スペイン人	espanhol, espanhola
承知しました	Pois não.	すべて	tudo
商人	comerciante	ズボン	calça
情報	informação	すみませんが〜	por favor
消防士	bombeiro, bombeira	住む	morar
消防署	posto de bombeiros	する	fazer, jogar（スポーツを）
職業	profissão	座る	sentar-se
女性	mulher	生徒	aluno, aluna
食器	louça	整頓する	arrumar
ショッピングセンター	shopping	青年	rapaz
女優	atriz	清涼飲料水	refrigerante
書類カバン	pasta	世界	mundo
尻	nádegas	咳	tosse
知る	conhecer（経験として）、saber（情報として）	石鹸	sabonete
白い	branco	説明する	explicar
真実	verdade	設立する	fundar
信じる	acreditar	背中	costas
親戚	parente	狭い	estreito
心臓	coração	セロハンテープ	fita adesiva
心配する	preocupar-se	先生	professor, professora
新聞	jornal	洗濯機	máquina de lavar
酢	vinagre	選択する	optar
		全部	todos

増加させる	aumentar		試す	experimentar
掃除	faxina		足りる	bastar
掃除機	aspirador de pó		誰	quem
掃除する	limpar		誰か	alguém
創造する	criar		誰も（〜ない）	ninguém
ソーセージ	linguiça		誕生日	aniversário
そして	e		ダンス	dança
卒業する	formar-se		男性	homem
外に	fora		小さい	pequeno
その、それ	esse, essa		より小さい	menor
そのため	por isso		チーズ	queijo
祖父	avô		近い、近くに	perto
ソファー	sofá		地下鉄	metrô
祖父母	avós		地区	bairro
祖母	avó		知識	conhecimento
それ	isso		地上階	térreo
存在する	haver		地図	mapa
			父	pai
た			茶	chá
大学	universidade		茶色い	marrom
台所	cozinha		中間の	médio
代理店	agência		中国	China
タオル	toalha		中国人	chinês, chinesa
高い	caro（値段が）, alto（背が）		注射	injeção
たくさんの	muito		昼食	almoço
タクシー	táxi		昼食をとる	almoçar
訪ねる	visitar		中心、中心部	centro
正しい	correto		腸	intestino
立ち去る	ir embora		頂上	cima
棚	estante		朝食	café da manhã
頼む	pedir		調味料	tempero
たばこ	cigarro		チョコレート	chocolate
たばこを吸う	fumar		チリ人	chileno, chilena
たぶん	talvez		沈黙	silêncio
食べ物	comida		通常	normalmente
食べる	comer		使う	usar
卵	ovo		捕まえる	pegar
玉ねぎ	cebola		疲れている	cansado

月	mês
尽きる	acabar
作る	fazer
伝える	avisar
妻	esposa
爪	unha
強い	forte
連れていく	levar
連れてくる	trazer
手	mão
～であっても	embora
～である	ser, estar
Tシャツ	camiseta
テーブル	mesa
出かける、出る	sair
手紙	carta
～できる	conseguir（努力して）, poder（状況的に）, saber（技術的に）
手助け	ajuda
手伝う	ajudar
～ではない	não
テレビ	televisão
店員	balconista
天気	tempo
伝言	recado
電車	trem
天井	teto
電子レンジ	microondas
電卓	calculadora
電話	telefone
電話する	ligar, telefonar
ドア	porta
ドイツ人	alemão, alemã
トイレ	banheiro, sanitário
トイレットペーパー	papel higiênico
どういたしまして	De nada.
同情	pena
到着する	chegar
動物園	zoológico
とうもろこし	milho
同僚	colega
遠い、遠くに	longe
通る	passar
（～する）時	quando
独身者	solteiro, solteira
時計	relógio
どこ	onde
歳	ano
年老いた	velho
図書館	biblioteca
とても	muito
どの	qual
跳ぶ	pular
飛ぶ	voar
止まる	parar
友達	amigo, amiga
土曜日	sábado
鳥	pássaro
鶏肉	frango
取る、撮る	tirar
摂る	tomar
奴隷	escravo
どんな～でも	qualquer

な

ナイフ	faca
長い	comprido
流し	pia
中に	dentro
仲間	companheiro, companheira
なす	beringela
なぜ	por que
なぜなら	porque
夏	verão
懐かしさ	saudade
ナプキン	guardanapo

何	o que, que
何か	algo
何も（〜ない）	nada
鍋	panela
名前	nome
生ビール	chope
習う	aprender
何らかの	algum, alguma
2月	fevereiro
肉	carne
日曜日	domingo
日本	Japão
日本語	japonês
日本酒	saquê
日本人	japonês, japonesa
入院	internação
庭	jardim
にんじん	cenoura
人間関係	relações humanas
にんにく	alho
ネクタイ	gravata
ねたみ	inveja
値段	preço
値段が〜である	custar
熱	febre
眠気	sono
眠る	dormir
寝る	deitar-se
年	ano
〜の間に	entre
脳	célebro
農業従事者	agricultor, agricultora
ノート	caderno
望む	desejar
飲み物	bebida
飲む	beber, tomar
のり	cola
乗る	pegar

は

歯	dente
バー	bar
はい	sim
肺	pulmão
灰色の	cinza
バイク	motocicleta
歯医者	dentista
パイナップル	abacaxi
俳優	ator, atriz
入る	entrar
吐き気	enjoo
博物館	museu
運ぶ	carregar
はさみ	tesoura
はし	pauzinhos
始まる、始める	começar
場所	local, lugar
走る	correr
バス	ônibus
パスタ	massa
バスターミナル	rodoviária
肌	pele
働く	trabalhar
8月	agosto
バッグ	bolsa
発見する	descobrir
鼻	nariz
話す	falar
鼻水	coriza
母	mãe
パパイヤ	mamão
早く	cedo
払う	pagar
パン	pão
はんこ	carimbo
半分の	meio
日	dia

ピアノ	piano
ビーチサンダル	chinelo
ピーマン	pimentão
ビール	cerveja
冷えた	gelado
引く	puxar
弾く	tocar
低い	baixo
飛行機	avião
ひざ	joelho
ひじ	cotovelo
ビスケット	biscoito
額	testa
左	esquerda
必要だ	precisar
必要な	necessário
人	pessoa
ひとつも（〜ない）	nenhum
ひとりで	sozinho
ひまな	livre
病院	hospital
病気	doença
開く	abrir
昼	tarde
広い	largo
瓶	garrafa
ピンク色の	cor de rosa
貧血	anemia
貧乏な	pobre
フィレミニョン	filé mignon
プール	piscina
フォーク	garfo
服	roupa
富士山	Monte Fuji
不足する	faltar
豚肉	carne de porco
二日酔い	ressaca
プディング	pudim
筆ばこ	estojo
ぶどう	uva
太った	gordo
船	navio
フライパン	frigideira
ブラウス	blusa
ブラジル	Brasil
ブラジル人	brasileiro, brasileira
フランス人	francês, francesa
古い	velho
プレゼント	presente
分	minuto
文化	cultura
文房具	artigos de escritório
ベージュ色の	bege
へそ	umbigo
ベッド	cama
部屋	quarto, sala
ベランダ	varanda
ペルー人	peruano, peruana
ベルト	cinto
ペン	caneta
勉強する	estudar
弁護士	advogado, advogada
方向	lado, sentido
帽子	chapéu
ほうれんそう	espinafre
欲しい	querer
ホッチキス	grampeador
ホテル	hotel
ほとんど	quase
骨	osso
頬	bochecha
ボリビア人	boliviano, boliviana
ポルトガル	Portugal
ポルトガル語	português
ポルトガル人	português, portuguesa
本	livro

本屋　livraria

ま

まあまあ　mais ou menos
前　frente
毎週　todas as semanas
毎日　todos os dias
曲がる　virar
枕　travesseiro
孫　neto, neta
まずい　ruim
まだ　ainda
また明日　Até amanhã.
町　cidade
間違った　errado
待つ　aguardar, esperar
まっすぐな　reto
窓　janela
学ぶ　aprender
豆　feijão
眉毛　sobrancelha
マラソン　maratona
マンゴー　manga
満足した　satisfeito
(〜のように)見える　parecer
磨く　escovar
右　direita
短い　curto
水　água
炭酸入りの水　água com gás
炭酸なしの水　água sem gás
店　loja
見せる　mostrar
見つける　achar
緑の　verde
港　porto
醜い　feio
身の回り品　acessórios

耳　orelha
見る　assistir, ver
迎えに行く　buscar
婿　genro
昔　antigamente
息子　filho
娘　filha
夢中になった　apaixonado
難しい　difícil
胸　peito
紫の　roxo
目　olho
姪　sobrinha
命じる　mandar
めがね　óculos
メキシコ人　mexicano, mexicana
目覚める　acordar
メニュー　cardápio
メロン　melão
もう　já
毛布　cobertor
木曜日　quinta-feira
もしもし？　Alô?
もちろん　Claro.
持っていく　levar
持っている　ter
持ってくる　trazer
もっと　mais
戻る　voltar
もの　coisa
〜もまた　também
桃　pêssego

や

やあ　Oi.
約束する　prometer
やけど　queimadura
野菜　verdura

安い	barato	緑茶	chá verde
やせている	magro	旅行	viagem
屋根	telhado	旅行する	viajar
柔らかい	macio	りんご	maçã
夕食、夕食をとる	jantar	隣人	vizinho, vizinha
郵便局	correio	レアル	real
裕福な	rico	冷蔵庫	geladeira
有名な	famoso	歴史	história
床	chão	レストラン	restaurante
雪が降る	nevar	レタス	alface
ゆっくり	devagar	レモン	limão
指	dedo	リュックサック	mochila
夢見がちな	sonhador	利用する	utilizar
良い	bom	廊下	corredor
より良い	melhor	老人	idoso, idosa
陽気な	alegre	6月	junho
よく	bem	ロシア	Rússia
良くなる	melhorar	ロシア人	russo, russa
汚れている	sujo		
呼ぶ	chamar	**わ**	
予報	previsão	ワイン	vinho
読む	ler	赤ワイン	vinho tinto
嫁	nora	白ワイン	vinho branco
夜	noite	若い	novo
夜の12時	meia-noite	若い女性	moça
弱い	fraco	若い男性	rapaz
		若者	jovem
ら		わかりました	Combinado.
来月	mês que vem	分ける	dividir
来週	semana que vem	私の	meu, minha
ライター	isqueiro	私たちの	nosso, nossa
来年	ano que vem	悪い	mau, ruim
理解する	compreender, entender	より悪い	pior
両親	pais	忘れる	esquecer
料理する	cozinhar	渡す	entregar, passar

著者紹介
瀧藤千恵美(たきとう・ちえみ)
小学校の 3 年間をミナスジェライス州ベロオリゾンテ市で過ごす。1998 年に(社)日本ブラジル交流協会の 18 期研修生としてアマゾナス州マナウス市に約 1 年間在住。
現在、東海地方の大学にてポルトガル語非常勤講師。「日本ブラジルかけ橋の会」代表。カポエイラとアマゾンの踊り「ボイブンバ」の普及に努める。

ポルトガル語表現ととことんトレーニング

　　　　　　　　　　　　　　　　　　2014年 5 月10日　印刷
　　　　　　　　　　　　　　　　　　2014年 5 月30日　発行

　　　　　　　　　著　者 ©　瀧　藤　千　恵　美
　　　　　　　　　発行者　　及　川　直　志
　　　　　　　　　印刷所　　株式会社ルナテック

　　　101-0052東京都千代田区神田小川町3の24
発行所　電話 03-3291-7811(営業部), 7821(編集部)　株式会社　白水社
　　　　https://www.hakusuisha.co.jp
　　　　乱丁・落丁本は、送料小社負担にてお取り替えいたします。

振替 00190-5-33228　　Printed in Japan　　　　　　加瀬製本

ISBN978-4-560-08667-4

▷本書のスキャン、デジタル化等の無断複製は著作権法上での例外を除き禁じられています。本書を代行業者等の第三者に依頼してスキャンやデジタル化することはたとえ個人や家庭内での利用であっても著作権法上認められていません。

白水社の語学学習書

ニューエクスプレス ブラジルポルトガル語

香川正子 著

見やすい・わかりやすい・使いやすい！　会話から文法へ——はじめての入門書◆決定版．この一冊をたずさえて，語らう時をたのしみましょう．あつい陽の光のもと，唇もふるえます……　　［2色刷］A5判　147頁【CD付】

ニューエクスプレス ブラジルポルトガル語単語集

香川正子 著

いつでも，どこでも，すぐに使える双方向の単語集．探しやすいアルファベット順に3000語を収録，日本語は覚えやすいジャンル別です．見出し語はカナつき，重要語は用例つき．　　　　　　　　新書判　237頁

現代ポルトガル語辞典
(3訂版) 和ポ付

池上岑夫，金七紀男，高橋都彦，富野幹雄，武田千香 編

わが国最大の本格的なブラジル，ポルトガル，アフリカのポルトガル語辞典．新正書法に準拠，和ポを大幅ボリュームアップ．全見出しに発音記号つき，サッカーなどジャンル別語彙集収録．【語数】見出し60000語・和ポ5900語　　　　　　　　　B6変型　1517頁